PROMENADE HUMORISTIQUE

à travers

LES RELIGIONS ET LES DOGMES

PROMENADE HUMORISTIQUE

à travers

LES RELIGIONS ET LES DOGMES

PAR

N. SIMON

Docteur en Droit

Officier de l'Instruction Publique

S'adresser à la

Collection A.-L. Guyot

20, Rue des Petits-Champs, 20, à Paris

ou à l'Auteur, à Bar-sur-Seine (Aube)

PRÉFACE

Le « Voyage Humoristique à travers les religions et les dogmes » *parut, il y a quelques années, en deux volumes, de 200 pages chacun.*

Il était destiné à mettre, à la portée de toutes les bourses et de toutes les intelligences, les notions essentielles concernant les religions.

Son succès en France et à l'Etranger fut considérable.

On nous a demandé, pour en faciliter encore plus la propagation, de le condenser en un seul volume, et de substituer, pour ceux qui ont peu de temps à consacrer à l'étude des religions, une simple « Promenade » *à travers les cultes et les dogmes à un long* « Voyage ».

Voilà qui est fait.

Merci, mille fois, au public et aux amis dévoués qui ont fait au « Voyage Humoristique » *un si cordial et si flatteur accueil.*

Bar-sur-Seine, Mars, 1912.

N. SIMON.

PROMENADE HUMORISTIQUE
à travers
LES RELIGIONS ET LES DOGMES

CHAPITRE PREMIER

Les déluges. — La flotte internationale. — Le transatlantique de Noé. — La barque de Deucalion. — Le vaisseau de Xisithrus. — La ménagerie flottante de Vaïvasvata.

La terre a subi, autrefois, des affaissements et des soulèvements qui ont tiré du fond des eaux ou englouti certaines portions de sa surface. Les parties qui, par un cataclysme quelconque, ont été autrefois submergées, sont faciles à reconnaître, grâce, notamment, aux milliers de coquillages qu'on trouve dans les terrains les composant.

Les prêtres des diverses religions se sont emparé de ces traces évidentes d'anciennes inondations pour chercher à terroriser l'humanité. La même pensée leur est venue. Ils ont attribué à leurs dieux ces bouleversements, et ont déclaré qu'ils avaient été causés par la désobéissance de l'homme aux lois divines.

De là, les déluges dont nous parlent les différents cultes.

Les religions grecque et romaine nous racontent que le principal de leurs dieux, Jupiter, furieux de la perversité des hommes (avez-vous remarqué que les dieux sont toujours en colère !), souleva et fit déborder l'Océan, en même temps que des pluies incessantes inondaient la terre. Seuls, Deucalion et Pyrrha, sa femme, échappèrent dans une barque qui, après le retrait des eaux, s'arrêta sur le Mont Parnasse.

Les Chaldéens enseignaient qu'un saint homme, nommé Xisithrus, averti d'un prochain déluge par Dieu, fit construire un vaisseau à l'aide duquel il échappa, ainsi que sa famille, à l'inondation.

Il avait pris avec lui des animaux pour en conserver l'espèce. Le déluge dura sept jours. Notre navigateur lâcha d'abord une colombe, puis une hirondelle qui, ne trouvant que de l'eau, revinrent au bateau. Enfin il envoya en reconnaissance un corbeau qui ne revint pas.

La religion indoue raconte qu'un sage, nommé Vaïvasvata, faisait ses ablutions sur le bord d'une rivière, quand un joli petit poisson s'échoua sur le sable à côté de lui.

C'était, en réalité, un ambassadeur envoyé au saint homme par Vichnou, un des dieux de la Trinité brahmanique. Mais il ne lui dit rien d'abord de sa mission. Il n'y a en général rien de plus discret qu'un poisson.

Le nôtre demanda simplement à Vaïvasvata de le prendre sous sa protection, de gros poissons étant sur le point de le dévorer. Le bon Indou y consentit volontiers ; il le plaça dans un vase rempli d'eau et l'emporta chez lui.

Mais son protégé se mit à engraisser et à

grossir si vite et si bien qu'il fallut le changer de vase, puis le porter dans un étang, puis dans le Gange, enfin dans la mer qui, seule, put contenir ce géant des poissons.

Là, notre ambassadeur annonça enfin à son sauveur qu'un déluge allait survenir, l'engagea à construire un vaisseau, à y monter avec sa famille, et à prendre avec lui des couples de tous les animaux et des semences.

Comme bien vous pensez, Vaïvasvata s'empressa d'obéir. Dès que le vaisseau fut à flot, le moteur, sous la forme d'un énorme poisson, muni d'une corne, se présenta. Vaïvasvata, devenu capitaine de navire, attacha une corde, d'une part à son bateau, d'autre part à la corne du monstre qui, en remorqueur docile, le conduisit là où il voulait aller.

Un bon point à la légende indoue qui a pensé à assurer la direction et la mobilité du bateau, ce que les autres légendes ont oublié.

Nous possédons aujourd'hui les moteurs à alcool, à pétrole, à l'électricité. Vaïvasvata avait imaginé le moteur à nageoires. C'était le plus économique de tous. Les compagnies de navigation regretteront à jamais sa disparition.

Au bout de quelques années, le poisson remorqueur conduisit le bateau sur le sommet de l'Hymalaya, où il échoua.

Dans le récit de la Bible, l'homme pieux s'appelle Noé. Dieu l'avertit d'un déluge futur. Alors, ce Robinson biblique construit une sorte de transatlantique de cent cinquante mètres de long sur vingt-cinq de large. La construction dure cent ans.

Noé s'introduit dans le bateau avec sa femme, ses fils, leurs épouses, un couple de tous les animaux et de la nourriture pour tout le monde.

Quand tout est prêt, Dieu produit le déluge de la manière la plus simple. Il retire les bondes du ciel, que la Bible considère comme un immense réservoir d'eau. L'eau, vomie à flots, eut vite fait de couvrir la terre d'une nappe immense.

Noé, sa famille et ses bêtes restèrent enfermées pendant 363 jours. Il plut pendant quarante jours et quarante nuits, au bout desquels Dieu remit en place les bondes. (Genèse, VII et VIII.) La ménagerie finit par s'arrêter sur le mont Arrarat.

Tels sont quelques-uns des récits que les religions nous font des inondations dont notre planète fut autrefois victime.

Il en résulte qu'au moment du déluge ce n'était pas seulement ce brave Noé et son transatlantique qui se promenaient sur les eaux.

Il y avait aussi la barque de Deucalion, le vaisseau de Xisithrus et le transport du capitaine Vaïvasvata. C'était toute une flottille qui dansait joyeusement sur les vagues.

Rien ne prouve que ces bateaux ne se sont pas rencontrés. D'un esquif à l'autre, on s'est peut-être invité à dîner. Les éléments d'un bon repas ne manquaient pas. Le gibier et les animaux domestiques abondaient dans les arches. Il n'y avait qu'à se baisser pour en prendre. Jamais garde-manger ne furent mieux fournis. On avait bien des choses à se raconter, bien des impressions à échanger.

Noé était au reste un homme charmant. Il buvait et offrait, avec délices, le vin qu'il avait inventé, et il n'était pas l'ennemi d'une douce et communicative gaîté.

Peut-être aussi, pour tuer le temps, nos marins d'occasion ont-ils organisé, au-dessus du monde enseveli dans les flots, de joyeuses régates.

Cette abondance de bateaux, cette flotte internationale répondent victorieusement aux critiques des impies, qui prétendent que le transport construit par Noé n'eût pu contenir tous les animaux, leurs petits et leur nourriture. Vaïvasvata et les autres, qu'on ne l'oublie pas, en avaient embarqué leur bonne part.

Il est vraiment regrettable que les défenseurs du déluge catholique et du transatlantique de Noé n'aient pas encore songé à cet argument sans réplique.

CHAPITRE II

La pomme de Madame Ève. — Dogme emprunté aux Perses. — Histoire de trois serpents religieux.

Une tradition s'est accréditée en ce qui concerne le fruit mangé par notre prétendue grand'mère Eve, et par elle décroché, sur le conseil d'un serpent malicieux, de l'arbre de la science du bien et du mal. On croit généralement que ce fruit était une pomme. C'est un point que nous allons examiner.

Chacun sait que ce grave méfait rend criminels les enfants qui naissent. C'est à dégoûter du mariage ! Engendrer des bandits, procréer des damnés, en voilà une déplorable occupation ! C'est évidemment pour empêcher les prêtres de donner le jour à ces petits scélérats que sont, d'après l'Eglise, les enfants, qu'on a fini par leur interdire le mariage. Un prêtre se livrer à la fabrication de petits réprouvés ; allons donc, il n'y fallait pas songer ! Ce genre d'industrie ne pouvait convenir qu'au commun des mortels.

Des gens irrespectueux se sont permis de dire que le péché d'Eve était bien minime, que l'Eternel avait fait bien du bruit pour rien et bien du train pour une pomme d'un sou.

Un juge de paix eût condamné notre excellente grand'mère tout au plus à un franc d'amende. Faire crucifier Jésus, c'est-à-dire faire commettre un assassinat pour racheter le vol d'une pomme, serait le fait, s'il était vrai, d'un fou furieux.

« Qu'est-ce que Dieu, a écrit Diderot, qui tue Dieu pour apaiser Dieu ? »

Le plus étrange, c'est que l'on ne sait pas même le fruit qui aurait causé cet assassinat rédempteur, car la Bible n'a jamais spécifié celui qui fut avalé par la première femme. Elle a parlé simplement d'un fruit.

On peut donc se livrer à toutes les suppositions. Etait-ce une pomme, une poire, un abricot, une simple cerise.

L'Esprit-Saint qui, selon les catholiques, a dicté la Bible, a, sur ce point, manqué de précision. En tout cas, il est acquis que ce n'était ni une fraise, ni un cornichon, car la Bible parle d'un arbre et spécifie qu'il était planté au milieu du jardin.

Un autre point qui, heureusement pour les naturalistes, est fixé d'une manière indubitable, c'est qu'antérieurement à cette époque les serpents avaient des pattes.

L'Eternel, en effet, dans la Bible, condamne le serpent, pour le punir, à ramper sur son ventre. Il résulte de cette condamnation qu'auparavant le serpent ne rampait pas sur son ventre et qu'il était le légitime propriétaire d'un certain nombre de pattes. Le serpent tentateur était donc une sorte de lézard qui, exproprié de ses pattes par la vengeance divine, est devenu une simple couleuvre. Attrape lézard de mauvais conseil !

Je sais bien que les histoires saintes nous racontent que le serpent lézard était un diable déguisé en serpent.

J'en demande pardon à l'histoire sainte, mais elle falsifie ici brutalement la Bible. Celle-ci n'a jamais dit que le serpent fût un diable. Elle dit même le contraire.

D'abord, la Bible prend le soin de nous apprendre que « le serpent était le plus fin des animaux des champs que l'Eternel avait faits. (Genèse, chap. III.) Ce qui indique bien que le diable n'était pour rien dans l'affaire.

Ensuite, elle nous enseigne que l'Eternel furieux le condamna, de suite, à marcher sur son ventre, c'est-à-dire à perdre ses pattes, ce qui est la punition d'un fait absolument personnel au serpent. (Larroque. *Examen critique*. I. 374.)

C'est manquer de respect à la divinité que de la croire capable d'arracher les bras à un lézard pour le punir d'un crime commis par un diable.

D'autre part, il n'y avait pas encore de diables à l'époque du Paradis terrestre. Ils ne furent inventés et ne parurent dans la Bible que beaucoup plus tard. Les juifs les ont empruntés aux autres peuples bien des siècles après.

En réalité, la fable de la création d'Adam et Eve et le récit de la séduction, tels que nous les présente l'Eglise, sont d'origine perse.

Les Perses nous racontent que Meschia et Meschiane naquirent d'un arbre qui les produisit en guise de fruits. Ce premier couple humain était parfaitement heureux, innocent, immortel. Il habitait dans un paradis terrestre arrosé par de grands fleuves et appelé Eren. « Meschia et Meschiane, nous dit le « Zend Avesta (la parole vivante), le livre sacré « des Perses, étaient d'abord purs, ils plai- « saient à Ormuzd (le Dieu bon). Ahriman (le

« diable) jaloux de leur bonheur, les aborda, « sous la forme d'une couleuvre, leur présenta « des fruits et leur persuada qu'il était l'au- « teur de l'Univers. Ils le crurent et devinrent « ses esclaves ; leur nature fut dès lors cor- « rompue et cette corruption infecta leur pos- « térité. »

Les auteurs de la Bible ne parlent du serpent que comme d'un simple animal alors doué de la parole. Ils n'en font nullement un diable. Tel Lafontaine nous racontant les propos de la cigale et de la fourmi. Dieu, pour punir le serpent, le condamna, comme nous l'avons vu, à ramper sur son ventre.

L'Eglise catholique, qui a littéralement dévalisé la religion perse en lui faisant d'innombrables emprunts que nous signalerons plus loin, a, au contraire, adopté la version persane. Elle a fait du serpent un démon qui s'était déguisé en couleuvre.

Oui, mais alors, si c'est le diable emmanché dans un corps de couleuvre, qui est le vrai coupable, pourquoi le malheureux serpent juif et ses descendants ont-ils été punis ? Pas de chance, le reptile israélite ! C'est là une grave erreur du père Eternel. Nous demandons (et toutes les âmes sensibles se joindront à nous), nous demandons la révision du procès du serpent injustement puni, depuis six mille ans, pour un péché commis par un diable.

Qu'on lui rende ses pattes !

CHAPITRE III

Le péché originel. — Sa création par Saint Augustin quatre mille quatre cent vingt ans après la pomme et quatre cents ans après Jésus.

Aux premiers temps du monde biblique, les fruits devaient être rarissimes et coûter horriblement cher. Ceux du Paradis terrestre, notamment, devaient être hors de prix.

Il faut, en effet, cette circonstance pour expliquer la grosse colère du Très-Haut qui, pour le vol d'un fruit, cette peccadille insignifiante, condamna l'homme et la femme, jusque là heureux et immortels, à la souffrance et à la mort, et les mit, comme des locataires insolvables, à la porte du Paradis terrestre.

Les bêtes, bien que n'ayant jamais mangé, comme on l'a spirituellement observé, du foin défendu, sont aussi condamnées à la souffrance et à la mort.

Elles ont sur l'homme une grosse supériorité. Elles n'ont pas imaginé, pour expliquer leurs malheurs, la hideuse théorie du péché originel.

Il faut rendre, toutefois, cette justice à la Bible, aux Evangiles et aux écrits des premiers apôtres, que l'on n'y trouve pas un mot de cette colossale monstruosité.

Dans la Bible, l'Eternel condamne Adam et ses descendants à la mort, il punit le serpent ;

mais il ne parle nullement d'un péché qui rendrait criminels les bébés à naître. (Genèse, III.)

Enfin, les apôtres, respectueux de la Bible, admirent simplement sa version et n'y ont rien ajouté. Tout en déclarant, à satiété, que le genre humain avait été privé de l'immortalité et condamné à mort à l'occasion d'une pomme ; tout en disant, continuellement, que Jésus était venu pour racheter les fautes commises individuellement par les adultes, ils n'ont jamais soufflé mot de ce péché inhérent, selon l'Eglise, aux enfants qui naissent, et qui resta inconnu de Jésus comme de ses apôtres.

Ce dogme, qui condamne des milliards d'innocents bébés à être mis, pendant l'éternité, à la broche comme de simples perdreaux, parce qu'une brave femme a mangé, il y a quelques milliers d'années, un fruit ne valant pas un petit sou, nous vient d'Afrique.

Il fut lancé, au IVe siècle, par saint Augustin, ce débauché (Voir ses *Confessions*) qui, baptisé à trente-deux ans, devint plus tard évêque et fanatique.

Un ami d'Augustin, nommé Pélage, garçon sans gêne et plein de bon sens, lui dit qu'il radotait. Des controverses violentes s'élevèrent entre Augustin et les disciples de Pélage. Augustin, en énergumène qu'il était, se fâcha et soutint furieusement le dogme, aussi féroce qu'immoral, dont il venait d'accoucher.

L'Eglise finit par l'adopter dans des conciles tenus en 416 à Milève, et 417, 424 et 431. Mais la question fut discutée encore pendant des siècles.

« De tout ce qui précède, dit Larousse (Voir « *Péché* et *Augustin*), il résulte, avec la der- « nière évidence, qu'à la fin du IIIe siècle, même

« dans l'Eglise latine, le dogme du péché origi-
« nel n'était pas encore fixé.

« L'auteur de ce dogme, celui qui l'a intro-
« duit, nous pourrions dire imposé à l'Eglise
« chrétienne, saint Augustin lui-même, n'est
« arrivé que tard, et en quelque sorte pour les
« besoins de sa polémique, à cette opinion.

« La doctrine du péché originel, telle que
« l'avait formulée saint Augustin, fut sanction-
« née d'abord par divers synodes d'Afrique
« et, en 431, par le concile œcuménique
« d'Ephèse. »

Jésus (divine prévoyance !) se serait fait crucifier préventivement pour effacer un péché inventé 416 ans après sa mort !!!

Augustin condamnait impitoyablement aux flammes éternelles les bébés décédés sans baptême et même les fœtus morts dans le sein de leur mère.

Se représente-t-on le Père Eternel des catholiques, le menton orné de la barbe de fleuve qu'ils lui prêtent et qui fait de lui un divin sapeur, le béret du cuisinier campé sur l'oreille, le ventre couvert d'un tablier de cuisine, la main armée d'une longue fourchette et retournant gravement des fœtus sur un gril !!!

Un criminel massacre une famille entière, il ira en enfer, mais il n'y entraînera pas ses descendants.

Une brave femme vole une pomme. Elle ira aussi en enfer et, en outre, d'après la théorie d'Augustin, ses descendants y seront condamnés à perpétuité.

A ce compte, il vaudrait mieux dévorer une famille qu'un fruit, et manger à son déjeuner une fraction du genre humain, que d'avaler une pomme d'api.

Des théologiens compatissants, honteux de cette férocité, inventèrent les limbes, où les enfants morts sans baptême jouent aux billes loin de l'Eternel, mais ne souffrent pas.

Le concile infaillible de Milève (416) avait condamné brutalement les enfants non baptisés à la rôtissoire. Mais le pape, non moins infaillible, Innocent III envoya, au XIIe siècle, la rôtissoire à tous les diables et rétablit les limbes.

Les limbes ont été empruntés par l'Eglise catholique à la religion des Romains. A l'entrée de l'enfer de Rome existait, en effet, une enceinte dans laquelle étaient parquées les âmes des enfants, dans des conditions semblables à celles des limbes catholiques.

Après avoir copié les paradis, les purgatoires et les enfers grecs, perses, romains, l'Eglise s'est donc aussi approprié les limbes romains. Nous la surprendrons continuellement, au cours de ce livre, avec la main dans la poche de son voisin.

CHAPITRE IV

Les dogmes. — La religion d'amateur du catholique contemporain. — L'homme créé cent mille ans avant Adam, le monde des millions d'années avant la création biblique.

La croyance à un dogme, c'est-à-dire à une monstruosité, constitue de la part du fidèle, une abdication complète de ses facultés. C'est une déchéance volontaire de sa qualité d'être raisonnable et de sa dignité d'homme.

De propos délibéré, il met le verrou sur son intelligence et l'éteignoir sur sa raison. La croyance est un suicide intellectuel et l'acte de foi un acte de folie.

Le croyant se déclare l'esclave du prêtre dont il fait un demi-dieu, et dont il ferait demain son valet de chambre ou son palefrenier s'il déposait la soutane. Il accepte à genoux, poussé par une confiance invincible et une crainte aussi folle qu'irrésistible, les plus stupides inventions. Le prêtre est aussi ignorant que le fidèle des destinées de l'homme. Ce n'est qu'un aveugle arrogant qui veut conduire un autre aveugle.

Le dogme et les religions supposent deux classes d'être humains. L'une composée d'hommes inférieurs, d'intelligence bornée, méprisés de la divinité, créés pour se laisser guider par les privilégiés. Ce sont les croyants.

L'autre formée d'êtres d'essence supérieure, d'esprit sublime, moitié hommes et moitié anges, créatures demi-célestes et mandataires des divinités sur la terre. Ce sont les prêtres.

Hélas ! quand une religion meurt et que l'homme est alors forcé d'avouer que, pendant des siècles, il a adoré des dieux inexistants, on reconnaît, en la portant en terre, que les êtres humains sont de même essence et qu'il n'y a de différence que dans leur moralité. Le jour de l'enterrement d'un culte, on s'aperçoit qu'il ne faut pas classer les hommes en êtres inférieurs, et en demi-dieux, mais en exploiteurs et en exploités, en trompeurs et trompés, en dupes et gens sans scrupule.

Les progrès de la science ont rendu grotesque les religions basées sur la Bible. Le ridicule les a tuées. Le rire tue mieux encore un culte que l'indignation.

La baleine de Jonas a été un poisson bien désobligeant pour le catholicisme, et l'arche de Noé est devenue un bateau risible sur lequel personne ne veut plus s'embarquer. Le ciel, cette voûte peinte en bleu qui servait, d'après la Bible, de calotte à la terre plate comme une galette, a une mauvaise presse ; et la science sceptique a démoli, en riant, l'immense réservoir placé là-haut, et dont l'Éternel furieux ouvrit naguère les bondes pour causer le déluge et doucher l'humanité.

Le tour de force de Josué arrêtant, d'un poignet vigoureux, le soleil, dans sa prétendue rotation autour de la terre immobile, constitue aujourd'hui un geste malencontreux pour la religion.

Personne ne croit plus à la destination et à l'origine de l'arc-en-ciel placé, selon la Bible, après le déluge, sur la voûte du ciel, comme signe d'alliance entre Dieu et les Juifs ; (Genèse, IX, 13-15) et l'on rit de bon cœur, des alarmes du père Eternel craignant qu'à l'aide de la tour de Babel les humains n'escaladassent et ne prirent d'assaut les cieux. (Genèse, XI-5 et 6.)

On en est arrivé à considérer le catholique pratiquant comme une curiosité et une intéressante rareté.

Le catholique contemporain entend vivre comme il lui plaît. C'est un fantaisiste. Lui aussi dit volontiers à son Dieu : Que votre volonté soit faite et la mienne aussi. Il veut être le maître chez lui, traite d'égal à égal avec la divinité, et il a, non sans raison, érigé son âme en principauté indépendante.

Grand prêtre infaillible de la religion individuelle qu'il s'est taillée cavalièrement dans le catholicisme, il choisit, coupe, élague. Il s'est fait, au sécateur, en retranchant tout ce qui lui déplaît, un culte commode, facile, aimable, conforme à ses goûts et à ses passions.

Le catholique est, en définitive, un librepenseur conciliant et débonnaire, respectueux trois ou quatre fois dans sa vie des usages d'autrefois. Il n'est catholique que par intermittence et à de très longs intervalles. Il tolère le prêtre et la religion, à doses infinitésimales et à condition qu'il n'en soit nullement incommodé.

Le principal des dogmes catholiques est ainsi libellé par le concile de Trente : (1545-1563.)

« Si quelqu'un refuse de reconnaître qu'Adam, « *le premier homme*, après avoir transgressé, « dans le Paradis terrestre, le précepte divin, « perdit aussitôt la sainteté et la justice dans « laquelle il avait été établi, et encourut pour

« cette prévarication coupable la colère et l'in-
« dignation de Dieu... qu'il soit anathème ! (Ca-
« non 1er de la session cinquième.)

La religion catholique repose en effet, sur les frêles épaules de ces personnages imaginaires, qu'on appelle Adam et Eve. Supprimez ce premier couple humain et tout l'édifice catholique vacille et s'effondre.

On connaît le conte de fées que les naïfs auteurs de la Bible ont imaginé, en ce qui concerne la création de l'univers et de l'homme. En Dieu pratique, l'Eternel divise sa tâche et fait le monde à petites journées. Le premier jour, il crée la lumière, d'où la conséquence qu'il avait vécu jusqu'alors dans l'obscurité, sans doute, a-t-on observé, parce qu'il n'avait rien à lire, le second les cieux, le troisième les mers, la terre, l'herbe et les arbres fruitiers, le quatrième le soleil, la lune et les étoiles, le cinquième les poissons et les oiseaux, le sixième les autres animaux.

Le même jour, en artiste habile, il façonne une statue avec de la terre, lui souffle dans le nez et, lui donnant ainsi l'existence, crée le premier homme

Le septième jour, fatigué de ces travaux peu ordinaires, il prend un repos bien gagné.

Plus tard, Dieu endort l'homme, prend une de ses côtes et crée la femme. Placés dans le paradis terrestre, Adam et Eve mangent le fruit défendu et en sont expulsés. Après le déluge, les enfants de Noé, Sem, Cham et Japhet, deviennent l'origine des diverses nations du monde. (Exode, X.)

Ici intervient l'Eglise qui complète le récit. En punition du péché d'Adam et Eve, les enfants sont condamnés aux feux éternels, et au bout de quatre mille quatre ans, Jésus descend sur la terre pour les racheter. Il profite de sa tournée sur le globe pour créer des prêtres, instituer le baptême, l'eucharistie et cet ensemble de dogmes et de pratiques que l'on appelle la religion catholique.

Tout cela se tient et s'enchaîne. Donc, si Adam n'est pas le premier homme, s'il n'est pas avec sa femme l'origine des nations, si le monde et les animaux n'ont pas été créés à la date et de la manière indiquées, tout s'effondre lamentablement. La suppression d'Adam et de la création biblique entraîne celle du paradis terrestre, du péché de la pomme, du rachat de ce péché par Jésus, du baptême destiné à laver le péché originel, des prêtres, etc.. Tout est anéanti, et nous assistons à la chute colossale des religions, nées de cette page de la Bible.

Eh ! bien la question ne se discute plus. La création du monde, des êtres animés et de l'homme, d'après la Bible, constitue une pure légende n'ayant jamais eu l'ombre de réalité.

Cette création remonterait à six mille ans ; or, la science proclame qu'il faut compter l'âge du monde par millions d'années et celui de l'humanité par centaines de mille ans. L'infaillible concile de Trente n'avait pas prévu cette désagréable révélation. L'homme existait un millier de siècles avant Adam, le monde et les animaux des millions d'années avant la création biblique.

Les six mille ans dont il est question ci-dessus ne sont en réalité que 5916 ans en 1912. Ce chiffre embrasse, d'une part, une période de 4004 ans, qui irait de la création du monde à Jésus ; d'autre part, les 1912 ans qui nous sépareraient, selon l'Eglise, de la naissance de Jésus.

Pour établir que Jésus, comme l'annonçaient les prophéties, était un descendant de David, particularité qui devait distinguer le Messie, l'évangile de Matthieu, chapitre premier, et l'évangile de Luc, chapitre trois, ont établi deux généalogies de Jésus. La dernière remonte à Adam lui-même.

Elle comprend d'Adam à Jésus soixante-quinze personnes. Et c'est en calculant la durée de leur existence que saint Jérôme est arrivé au chiffre de 4004 ans.

C'est là l'enseignement séculaire de l'Eglise. C'est là encore son enseignement actuel, car on lit, notamment dans le catéchisme de Troyes, page 91 :

« Jésus a-t-il toujours existé ? Réponse : « Comme Dieu il est éternel, *comme homme, il « est né environ quatre mille ans après la créa- « tion du monde.* »

Le concile de Trente ignorait aussi que la lumière de certaines étoiles a mis quelques millions d'années à nous parvenir, ce qui donne au monde un acte de naissance infiniment plus reculé que celui de la Bible.

C'est par centaines de mille que l'on a retrouvé les vestiges de l'homme ancien. Pierres taillées, flèches, outils, lances, haches et marteaux de pierres, squelettes d'hommes et de femmes réunis à des squelettes d'animaux disparus depuis un nombre considérable de siècles ne laissent pas la moindre prise au doute ni aucune possibilité de discussion.

Tous les savants du monde sont d'accord sur ce point.

Dans son bel ouvrage l'*Astronomie Populaire,* Camille Flammarion évalue à vingt millions d'années la date à laquelle remonte la naissance des premiers êtres vivants et à trois cents millions le temps qu'il a fallu pour rendre la terre solide et abaisser sa température extérieure à 200 degrés. Il évalue modérément l'âge de l'homme à cent mille ans. (P. 100.)

Du Cleuziou (*La création de l'homme*), admet des évaluations analogues et indique aussi ce chiffre de cent mille ans tout en rappelant qu'il est certainement fort au-dessous de la réalité. (P. 92.)

D'autres savants donnent à la terre sept cent millions d'années et à l'homme deux cent vingt mille ans.

Inutile de faire remarquer combien il est absurde de réclamer à l'instituteur la neutralité scolaire, puisque l'enseignement par lui, de l'astronomie et des sciences naturelles, détruit forcément les erreurs qui sont la base du christianisme.

Les cérémonies du culte pourront durer encore, et l'armée immense qui vit des religions fera une résistance désespérée, il faudra des années pour faire connaître à tous que ces religions ont fait faillite, et que la création biblique, Adam et Eve, le paradis terrestre, le péché de la pomme, et par suite, le rachat de ce péché par Jésus, sont des fables grossières, dont la fausseté est démontrée mathématiquement aujourd'hui par la science. La question de temps n'est rien. Le fait matériel existe, la démonstration est faite.

CHAPITRE V

Le Dieu de la Bible. — Divinité de création sacerdotale. — Un Dieu tailleur, sculpteur, graveur, pâtissier. lutteur, etc.

La Bible se compose de ce qu'on appelle l'ancien et le nouveau Testament.

Le premier n'est autre chose que l'histoire prétendue des Juifs depuis la création du monde jusqu'à Jésus.

Le second, qui comprend les quatres évangiles, le récit des actes des apôtres et quelques lettres de ceux-ci aux fidèles, est relatif à Jésus et aux débuts de la religion catholique. Ne parlez pas de la Bible au prêtre catholique. Il lui est formellement interdit de la lire. C'est une précaution prise par la papauté pour l'empêcher de devenir protestant ou libre-penseur !!!

L'ancien testament comprend notamment le Pentateuque de deux mots grecs qui veulent dire cinq livres. Ces cinq livres sont : 1° La Genèse, relative à la création du monde et aux débuts du peuple juif; 2° L'Exode, afférent à sa sortie d'Egypte et à ses pérégrinations dans le désert ; 3° Le Lévitique, relatif à l'organisation du culte, dont étaient chargés les membres de la tribu de Lévi ; 4° Les Nombres, ainsi appelés parce qu'ils contiennent le dénombrement du peuple juif ; 5° et le Deutéronome (seconde loi), qui embrasse des préceptes de morale et des textes de législation non compris dans les quatre parties précédentes.

Le catholicisme attribue ces livres à Moïse. Si c'est lui qui les a écrits, on est bien obligé de reconnaître en lui un écrivain aussi complet que consciencieux, car il raconte, à la fin du Deutéronome, sa propre mort et même son enterrement (Deutéronome, XXXIV.)

Les Chrétiens font vivre Moïse de l'an 1571 à l'an 1451 avant Jésus et placent le Pentateuque à *cette date* reculée.

L'opinion générale est qu'il aurait été composé par Esdras environ mille ans plus tard, c'est-à-dire après la captivité de Babylone, soit environ 500 ans avant Jésus.

En dehors du Pentateuque, l'ancien Testament, que l'on nomme généralement la Bible, comprend le livre de Josué qui, imitant Moïse, nous narre sa mort et son ensevelissement (Josué, XXIV, 30), les Juges, Ruth, Samuel, les Rois, les Chroniques, Esdras, Néhémie, Esther, Job, les Psaumes, les Proverbes, etc.

Pour les Juifs, les Catholiques, les Protestants et les Mahométants, l'ancien Testament est, en général, un monument de littérature céleste sortant des presses du Saint-Esprit. Il a été dicté par Dieu lui-même qui, sans doute en a revu le manuscrit et corrigé les épreuves.

Pour les indifférents, c'est simplement le monument le plus intéressant et le plus complet de la littérature de cette peuplade orientale qu'on appelle les Juifs. C'est l'histoire légendaire, et nullement divine ni mystérieuse, d'une tribu d'abord errante qui s'est enfin fixée en Palestine.

Elle nous fait assister à la création du monde, selon les Juifs, à la sortie d'Egypte du peuple israélite, à ses pérégrinations, à ses luttes, à ses triomphes, à ses défaites. Elle comporte de l'histoire, des légendes, des cantiques. Elle embrassé des textes de législation et des maximes de morale. On y trouve de l'histoire naturelle et des miracles, des chroniques et des prophéties.

Ce qui y domine, c'est la superstition la plus exagérée et la familiarité la plus extravagante avec la divinité, dont on fait l'associée de tous les instants du peuple juif. C'est Dieu qui crée Adam, le premier Juif, à sa propre ressemblance. C'est Dieu qui protège, dirige, punit la nation. Il est le général de cette armée, le législateur de ce peuple, il en est le boulanger, le tailleur et le cuisinier ; il en est le sauveur et au besoin le juge et le bourreau.

C'est une monstruosité de considérer un pareil amas de confuses légendes et de flagrantes absurdités, un pareil monceau de naïfs récits et d'exagérations sans nom, comme un ouvrage divin. C'est insulter l'humanité que de faire des incertitudes des légendes d'une infime peuplade de demi sauvages que l'on a si justement nommée « un peuple atome », l'histoire du monde.

Placé dans le ciel et, de là, surveillant les moindres gestes de la peuplade juive, assisté de cette domesticité ailée que les religions appellent les anges et qu'elles se passent les unes aux autres, le Dieu juif, tel que l'ont créé, à leur propre image, les fantaisistes auteurs de la Bible, nous apparaît successivement bon garçon, facétieux, pornographe, plein de sagesse, déplorablement illogique, cruel, fantasque, complètement fou.

Les auteurs de la Bible nous le montrent se livrant aux métiers les plus variés.

Après avoir créé le monde, il prend de la terre et se met à pétrir une statue humaine. Une fois le modèle fait, il lui souffle dans les narines et lui donne ainsi l'existence. Les sculpteurs ont donc en lui un ancêtre tout indiqué (Genèse, II, § 7.)

Quelque temps après, en chirurgien habile, après avoir endormi Adam, il lui enlève une côte et en crée la femme (Genèse, II, 21.)

Après le péché d'Eve, la colère de Dieu dure peu. Adam et Eve s'étant aperçus qu'ils étaient nus, il s'improvise aussitôt tailleur pour hommes et pour dames. « L'Eternel Dieu, dit la Bible, fit à Adam et à sa femme des robes de peau et les en habilla ». (Genèse, III, 21.)

Le Dieu de la Bible est même l'inventeur du caleçon de bain. C'est pour ce vêtement sans prétention, une origine auguste. En effet, au chapitre 28, § 2, de l'Exode faisant à Moïse, au sujet des vêtements des prêtres, de minutieuses recommandations, il lui dit : « Tu leur feras « des caleçons de lin, pour couvrir leur nudité, « qui tiendront depuis les reins jusqu'au bas « des cuisses. » (La Bible, version d'Ostervald. C'est à cette traduction que sont empruntés les citations contenues au présent livre.)

Dans le même ordre d'idées, nous le voyons, au sortir de l'Egypte, et au moment de l'entrée de son peuple dans le désert, lui donner de miraculeux vêtements (Deutéronome, VIII, § 4.)

Non seulement les vêtements des Hébreux ne s'usèrent pas, mais, d'après les commentateurs de la Bible, ils suivaient exactement les progrès de la croissance, s'allongeant et s'élargissant comme il convenait.

L'Eternel, entre autres qualités, était, à l'occasion, constructeur de bateaux. C'est lui-même, qui donna à Noé les indications nécessaires à la construction de l'arche : dimensions, bois à employer, étages superposés à y mettre, portes à placer, bitume à appliquer en dedans et en dehors, etc. (Genèse, VI, 14.)

Graveur émérite, ce fut lui-même qui, sur des pierres, à lui apportées par Moïse, inscrivit les préceptes de la loi. (Exode, XXXII, 16.)

Pour les besoins de son peuple, Jéhovah s'improvisa pâtissier; et, pendant quarante ans, il fit tomber sur la terre, six fois par semaine, cette sorte de pain ou plutôt de gâteau que l'on appela manne. Elle avait, nous dit la Bible, le goût des beignets au miel. (Exode, XVI, 31.)

Cuisinier ordinaire des Juifs, l'Eternel leur fournissait miraculeusement de l'eau, quand ils en manquaient dans le désert. Il suffisait pour cela de frapper un rocher d'une verge. C'était là une recette des plus faciles à employer. (Exode, XVII.)

Quand il les oubliait, les Israélites réclamaient violemment. Un beau jour, impatienté de leurs exigences, il envoya sur le camp et tout autour une véritable pluie de cailles. (Nombre XI.) Il en tomba près de deux coudées de hauteur. La coudée équivalait à environ cinquante centimètres ; la terre fut donc couverte d'une hauteur de un mètre de cailles. C'était beaucoup. Tenez pour certain que, de mémoire de chasseur, on n'a vu pareille affluence.

Au besoin, il jouait à cache-cache avec une divine amabilité. Moïse demanda à le voir. Il ne put lui montrer sa figure, ce qui l'aurait foudroyé ; mais il le plaça dans une anfractuosité de rocher ; mit sa main divine sur la fente au moment où il passait et l'ôta ensuite. Moïse, sortant de sa cachette, put ainsi admirer, tout à son aise, par derrière, la majestueuse tournure du Seigneur. Il paraît que les dieux ne sont resplendissants que par devant. Par derrière, ils sont ternes. (Exode, XXXIII.)

Parfois l'Eternel avait ses nerfs et il cherchait querelle au premier venu. C'est ainsi, qu'un beau soir, au détour d'un chemin, il arrêta Jacob et se battit, toute la nuit, avec lui comme un lutteur de profession. (Genèse, XXXII, 24 et suiv.)

Un autre jour, dans une auberge, il rencontra Moïse qui avait négligé de faire circoncire un de ses fils. Furieux, l'Eternel se jeta sur lui et chercha à le tuer. Moïse avait la vie dure, et Dieu dût renoncer à ses desseins. (Exode, IV, 24-26.)

Jusqu'ici les auteurs de la Bible n'ont fait que ridiculiser le Dieu par eux inventé. Nous allons les voir le diffamer, l'avilir et en faire un assassin, un fou. Rendons-leur toutefois justice, ils ont été moins loin que le catholicisme, ils ont déconsidéré leur Dieu, mais jamais n'ont songé à l'avaler.

Il faut reconnaître au Dieu juif une véritable supériorité sur tous les dieux connus, en ce qui concerne l'art d'organiser les massacres. A lui le prix d'excellence de l'assassinat. C'est par centaines de mille que l'on compte, dans la Bible, ses victimes.

« Détruisez tout, disait ce boucher en dé-
« lire, tuez tout, les femmes aussi bien que les
« hommes, les grands garçons et les enfants
« encore à la mamelle, et tuez aussi leurs bre-

« bis, leurs chameaux et leurs ânes. » (Samuel, XV, 3.)

Saül ayant fait prisonnier le roi Agag et ne l'ayant point ensuite mis à mort, Jéhovah entra en furie et obligea Saül à mettre en pièces son prisonnier. (Samuel, XV, 32-33.)

Cette folie furieuse s'étendait aux Juifs eux-mêmes. Sur son ordre, Moïse enjoignit aux lévites de tuer tous ceux qui avaient adoré le veau d'or. Ces doux prêtres retroussèrent leurs manches et égorgèrent vingt-trois mille Juifs. (Exode, XXXII, 28.)

Un jour, les Philistins avaient pris l'arche sainte. Vous pensez bien que Jéhovah ne fut pas satisfait, et qu'il joua aux ennemis un tour de sa façon. Il leur envoya des... hémorroïdes ! Ces pauvres Philistins, très ennuyés de cette singulière maladie, attelèrent deux vaches à l'arche et la renvoyèrent ainsi à Israël. Ils y avaient joint des anus en or. C'était une manière délicate et laconique d'indiquer à Jéhovah, sans avoir à lui écrire, la maladie dont ils se plaignaient et dont ils souhaitaient d'être débarrassés.

La charrette portant l'arche s'arrêta dans un champ. Les bonnes gens du voisinage vinrent, sans malice, contempler le fameux coffret.

D'où fureur de Jéhovah qui, du coup, pour montrer qu'il n'était pas content, foudroya cinquante mille soixante-dix Juifs. (Samuel, VI, 19.)

Jéhovah était, au reste, d'une injustice colossale. Quand un crime était commis, il tuait, avec entrain et conviction, tout le monde excepté les coupables. Les exemples de cette férocité absurde abondent.

L'homme commet des péchés, il le noie dans

un déluge, mais il englobe, sans motif, dans la noyade les animaux qui ne lui avaient rien fait et les enfants parfaitement innocents.

Quand les Juifs voulurent quitter l'Egypte, le Pharaon s'y opposa. L'Eternel s'empressa de distribuer, en pluie et au hasard, d'horribles punitions à ses malheureux sujets qui n'étaient pas seulement au courant de la question et même aux animaux. Les eaux du Nil se changèrent en sang, ce qui fit périr des millions de poissons parfaitement innocents. Certainement ils n'avaient pas pris part à la discussion et étaient restés muets comme tout poisson qui se respecte. Les animaux domestiques des Egyptiens crevèrent jusqu'au dernier. Ce n'était pourtant pas la faute de ces bonnes bêtes si le Pharaon était entêté comme un mulet !!! Enfin, un beau soir, des anges (militaires célestes) égorgèrent tous les premiers nés des Egyptiens. Je vous demande un peu ce que ces pauvres diables avaient à voir dans cette querelle de Jéhovah avec le roi de l'époque. (Exode, XII, 29.)

Le roi David devint, un jour, amoureux de la femme du capitaine Urie. Il eut un enfant avec elle, puis il fit mourir le mari. De là intervention de l'Eternel qui fit prévenir ce libidineux David, que, pour le punir : 1° l'enfant mourrait ; 2° ses dix femmes seraient violées par un de ses proches.

Le pauvre bébé, condamné à mort pour l'adultère de son papa, mourut en effet.

Quant aux dix femmes de David, un beau matin, Absalon, son fils révolté contre lui, s'en empara, les fit monter nues sur la terrasse d'une maison, et là, en présence du peuple assemblé, et assistant à cette petite fête de famille, les viola les unes après les autres. (Samuel, II-XVI, 22.)

En ce qui concerne David, il fut comblé de gloire ; et il eut, avec la femme d'Urie, un second fils appelé Salomon qui, mieux doué encore qu'Absalon, eut sept cents femmes légitimes et trois cents concubines !

Ce même David s'étant avisé de faire le recensement de son peuple, l'Eternel, on ne sait pourquoi, s'en froissa ; et, pour le punir, lui laissa le choix entre la famine, la guerre ou la peste. David choisit la peste. Il continua à se porter comme un charme, mais, en trois jours, soixante-dix mille Juifs moururent. (Samuel, II-XXIV, 13.)

Vous traiteriez de criminel et d'idiot un juge, atteint de folie furieuse, qui vous enverrait en prison pour un délit commis par votre concierge. Mais vous devez, paraît-il, admirer les décisions insondables et stupides d'une prétendue divinité qu'adorent encore des millions d'individus, et dont les cloches de votre église vous carillonnent chaque jour les louanges.

Car ce Dieu, bon pour des sauvages et créé de toutes pièces par les auteurs de la Bible, ce sculpteur, ce graveur, ce tailleur, ce pâtissier, ce constructeur de bateaux, ce lutteur de carrefour, cet assassin, ce bourreau inintelligent, ce juge absurde est encore aujourd'hui le Dieu des juifs, des catholiques, des protestants et des musulmans. Ils se le disputent, les juifs prétendant qu'il est resté fidèle à leur culte, les autres soutenant qu'il est passé, avec armes et bagages, à leurs religions.

Les auteurs de la Bible ont peint leur Dieu d'après eux-mêmes, et ils lui ont donné toutes les passions féroces qui peuvent agiter une peuplade de sauvages.

CHAPITRE VI

Les Paillardises de la Bible

I

Les auteurs juifs, qui ont écrit ces récits, pour la plus grande partie fabuleux, qu'on appelle la Bible, n'étaient pas fort scrupuleux sur la moralité de leurs narrations. Voici, à titre de simples échantillons, quelques exemples des mœurs immondes qu'ils attribuent à bon nombre de leurs personnages.

Ils débutent en nous apprenant que Jéhovah, leur Dieu, créa un seul homme et une seule femme. Le ménage Adam n'eut que des enfants mâles qui, eux-mêmes, eurent des descendants avec la seule femme existante, c'est-à-dire leur mère. Pas de commentaire !

II

Le fait de livrer sa femme à son voisin n'est pas, non plus, considéré par la Bible comme tirant à conséquence, car elle nous montre le saint prophète Abraham exerçant, à l'occasion, la profession lucrative de souteneur, et trafiquant, à beaux deniers comptants, des charmes de la belle Sarah, sa femme.

Citons textuellement :

« Et il arriva comme Abraham était près

« d'entrer en Egypte qu'il dit à Sarah, sa « femme : Voici, je sais que tu es une belle « femme.

« Et il arrivera que lorsque les Egyptiens « t'auront vue ils diront c'est la femme de cet « homme-là, et ils me tueront.

« Dis donc, je te prie, que tu es ma sœur, « afin que je sois bien traité à cause de toi et « qu'ils me sauvent la vie à ta considération.

« Il arriva donc, sitôt qu'Abraham fut venu « en Egypte, que les Egyptiens virent que cette « femme était fort belle.

« Les principaux de la cour de Pharaon la « virent aussi et la louèrent devant le roi. Et « elle fut enlevée pour être menée dans la mai- « son du Pharaon.

« Lequel fit du bien à Abraham à cause « d'elle ; de sorte qu'il en eut des brebis, des « bœufs, des ânes, des serviteurs, des servan- « tes, des ânesses et des chameaux. (Genèse, « XII.) »

Abraham, ce saint prophète que l'on fait vénérer à nos enfants et qui, d'après les généalogies des évangélistes Luc et Mathieu, est un des ancêtres de Jésus, ne manqua pas, l'occasion se représentant, de tirer de nouveau profit des charmes de sa femme ; mais, ici, l'Eternel intervint avant que l'amoureux de Sarah en eut pris livraison. Cet amoureux était un nommé Abimelec, roi de Guérar. Déjà il avait enlevé Sarah qu'Abraham lui avait présentée comme sa sœur, quand l'Eternel lui apparut et le menaça de mort.

Abimelec fit la moue et rejeta, tout naturellement, la faute sur l'immonde Abraham auquel il fit de sanglants reproches, lui disant : « Tu m'as fait des choses qui ne se doivent pas faire. » (Genèse, XX.) Cet Abimelec avait bien raison.

Abraham, coiffé d'une haute casquette, habitait évidemment les boulevards extérieurs de sa localité.

Le plus curieux, c'est que l'Eternel, au lieu de punir son camarade Abraham, infligea à ce pauvre Abimelec un châtiment tout spécial. Pardon, ami lecteur, mais c'est la Bible qui parle et ce livre est destiné à te la faire connaître. Il ferma, par le bas, la femme d'Abimelec et ses servantes. Le texte latin précise et dit : « Occlusit vulvas ». Cela mettait cet excellent Abimelec dans l'impossibilité matérielle d'accomplir, envers sa femme et ses maîtresses, ses devoirs conjugaux et extra-conjugaux.

A la prière d'Abraham, l'Eternel enleva la couture ou le bouchon, et Abimelec en profita pour rattraper le temps perdu et procréer un tas de petits Abimelec frais et vigoureux. Pour remercier le digne Abraham de son intervention en sa faveur, il le combla d'opulents cadeaux.

De tous temps, on a payé largement les prières et les intercessions. (Genèse, XX.)

III

Lorsque le Dieu des Juifs eut décidé de détruire Gomorrhe et Sodome, où l'on pratiquait les mœurs décolletées que l'on sait, deux anges vinrent à Sodome trouver Loth pour le prier de quitter le pays avec toute sa famille. Aussitôt les Sodomites assiégèrent la maison de Loth, lui demandant de leur livrer les deux beaux étrangers afin qu'ils pussent assouvir sur eux leur immonde passion.

Alors, Loth sortit de sa maison et leur tint ce petit discours :

« Je vous prie, mes frères, ne leur faites « point de mal. Voici, j'ai deux filles pucelles, « je vous les amènerai et vous les traiterez « comme il vous plaira, pourvu que vous ne « fassiez pas de mal à ces hommes parce qu'ils « sont venus à l'ombre de mon toit. » (Genèse, XIX.)

Mais les assiégeants ne se laissèrent pas tenter par cette offre cordiale et il fallut, pour mettre fin à l'assaut de l'immeuble de ce papa pourtant si conciliant, que les anges les aveuglassent.

Le lendemain, les deux villes étaient détruites. La femme de Loth, qui s'étaient retournée, fut changée en statue de sel.

Un historien, tout aussi véridique que la Bible, nous apprend gravement, que cette statue existait encore plusieurs milliers d'années après et qu'elle avait régulièrement ses règles !

Le papa Loth savait, sans doute, quand il proposait ses filles aux Sodomites, que la virginité leur pesait fort, car quelques jours après, elles lui jouaient le très mauvais tour que la Bible nous raconte comme suit :

« Et l'aînée dit à la plus jeune : Viens, don-« nons du vin à notre père et couchons avec « lui afin que nous conservions la race de notre « père.

« Elles donnèrent donc du vin à boire à leur « père cette nuit-là. Et l'aînée vint et coucha « avec son père, mais il ne s'aperçut point ni « quand elle se coucha ni quand elle se leva.

« Et le lendemain l'aînée dit à la plus jeune : « Voici, j'ai couché la nuit passée avec mon « père, donnons-lui encore cette nuit du vin à

« boire, puis, va, et couche avec lui et nous « conserverons la race de notre père.

« En cette nuit-là donc, elles donnèrent en- « core du vin à boire à leur père. Et la plus « jeune se leva et coucha avec lui; mais il ne « s'aperçut point ni quand elle se coucha ni « quand elle se leva. »

Et comme le lecteur pourrait se demander si ces rapprochements extraordinaires eurent un résultat, la Bible ajoute :

« Ainsi, les deux filles de Loth conçurent de leur « père ».

Merci du renseignement !

IV

Peu vêtue aussi l'histoire de ce lévite ou prêtre d'Ephraïm qui était descendu avec sa concubine à Gabaa, chez un vieillard.

Les habitants de cet aimable pays se mirent à assiéger la porte, voulant assouvir leur passion... sur le prêtre !

Le vieillard, accommodant et voulant éviter à son hôte le désagréable contact d'une foule ignoble, offrit en vain, aux assiégeants, sa fille pucelle.

Le lévite, lui, n'hésita pas et, pour gagner du temps, poussa sa concubine dehors. Les brutes en usèrent et en abusèrent toute la nuit, si bien que la pauvre fille en mourut, ce qui donna lieu, entre tribus, à des guerres sanglantes. (Juges, XIX, 22-29.)

C'était un peuple plein de distinction et de charmantes passions que le peuple du Seigneur!

V

Il n'est pas impossible que ce livre tombe

entre les mains de quelque jolie impure aimant et savourant, comme notre grand'mère Eve, le fruit défendu.

Pourquoi ne ferai-je pas quelque chose pour cette gracieuse lectrice ?

Au diable les moralistes grognons ! Venez, chère madame, venez, vous dis-je, près de moi, recueillir un renseignement qui peut, à raison de vos folichonnes occupations, vous intéresser particulièrement.

Savez-vous combien et en quelle monnaie on payait, à l'origine, chez les Juifs, il y a quelques milliers d'années, les faveurs d'une femme aimable qui consacrait ses charmes au plaisir et à la joie de ses contemporains ?

Vous ne trouvez pas, et le problème est pour vous insoluble. Le louis n'existait pas chez les Juifs ; le bijoutier était, d'autre part, inconnu de ces nomades et les rivières de diamants ignorées.

Dans le récit de la Bible, il s'agit d'un veuf courtisant une veuve.

Eh ! bien, il lui offrit... (Madame ne vous révoltez pas), un chevreau.

C'était, dites-vous, un fichu pingre, et vous arracheriez, sans pitié, les yeux au sauvage qui, au Moulin-Rouge, aurait l'inconcevable audace de vous offrir un animal à quatre pattes.

Vous n'auriez, certes, pas tort, autres temps autres mœurs ; mais ce n'est pas une raison suffisante pour dénigrer le chevreau israélite.

D'abord, il s'agissait d'un marché librement débattu et le code nous apprend que les conventions font la loi des parties.

Ensuite, ce chevreau n'était nullement un leurre. C'était, pour ces peuples nomades et pasteurs, une monnaie d'autant plus courante qu'elle avait quatre pattes.

On payait alors les délicieuses chatteries, les enivrantes carresses de celles qui vous ont précédées dans la voie du plaisir, en agneaux, chevreaux, bœufs, chameaux.

C'était, il est vrai, une monnaie encombrante, difficile à cacher dans un bas et que votre concierge ne consentirait jamais à laisser monter à votre appartement.

Voici ce que nous raconte la Bible : (Genèse, XXXVIII.)

Juda avait fait épouser par un de ses fils une juive appelée Tamar. Le mari mourut et Juda promit à Tamar de la marier à son fils Scéla, dès qu'il aurait l'âge du mariage. Il oublia sa promesse et Tamar, furieuse, résolut de lui jouer un tour de sa façon.

Elle se plaça sur son passage au moment où il se rendait près de ses tondeurs de moutons.

Le volcanique Juda lui demanda rendez-vous et lui promit, pour prix de ses complaisances, un chevreau.

Comme on n'a pas toujours, même lorsqu'on est pasteur, un chevreau sur soi, Tamar demanda un gage.

A cette lointaine époque, les dames de joyeuse compagnie étaient déjà fort défiantes, ce qui indique qu'elles avaient dû subir de nombreux déboires. L'animal aux longues oreilles, abhorré de nos contemporaines, était déjà, hélas, évidemment inventé !

Juda s'exécuta docilement et donna en gage à Tamar son cachet, son mouchoir et son bâton et la posséda.

Quelques jours après il envoya, par un ami, le chevreau promis et le chargea de réclamer le gage.

L'ami ne trouva pas Tamar et, neuf mois après elle accouchait de deux jumeaux qu'elle fit, grâce au gage donné, reconnaître pour siens par cet excellent Juda.

VI

L'histoire de Jacob avec son beau-père Laban peut figurer aussi, en belle place, parmi les récits décolletés. (Genèse, chapitre XIX.)

Laban avait deux filles : Léa, « qui avait les yeux tendres » et Rachel, « qui était belle à voir ».

Jacob aimait Rachel. Il proposa à Laban de travailler sept ans pour lui à la condition qu'il le marierait avec la jolie Rachel.

Au bout des sept ans, le festin de noces eut lieu et, le soir arrivé, Laban plaça dans le lit nuptial... Léa ! Jacob, tout à ses transports amoureux, ne s'aperçut de l'erreur que le lendemain matin quand il n'était plus temps. Il en fit de vifs reproches à Laban, lui disant : « Qu'est-ce que tu m'as fait ? N'ai-je pas servi « chez toi pour Rachel ? Et pourquoi m'as-tu « trompé ? »

Laban répondit avec une jolie impudence : « On n'a pas l'habitude, dans ce pays-ci, de « donner la plus jeune avant l'aînée. »

Ce pauvre Jacob travailla donc encore sept ans chez Laban qui lui donna alors Rachel et devint ainsi, à un double titre, son beau-père.

Léa donna quatre enfants à son mari. Rachel, qui demeurait stérile, voulut avoir des enfants, tout au moins par procuration. Elle dit à son mari : « Voici ma servante Bilha, viens vers « elle et j'aurai des enfants par elle. »

Jacob, mari docile, n'hésita pas à donner, dans le contrat, maint coups de canif et eut avec Bilha deux enfants.

Ces manœuvres déloyales de Rachel pour se procurer des rejetons de son mari ne pouvaient faire le bonheur de Léa qui, devenue stérile, s'empressa d'imiter le procédé de sa sœur. Elle prit Zilpa, sa servante, et la donna à Jacob pour femme.

Zilpa prit son rôle au sérieux et eut deux enfants.

Heureux, trois fois heureux, Jacob, laisse-moi te dire qu'aujourd'hui les choses sont bien changées ! Les femmes mariées ne procurent plus de maîtresses à leurs maris ; et, pour quelques pauvres petits coups de canifs donnés, par eux en tapinois, dans le contrat, elles font une vie de tous les diables ! Tu vivais dans le bon temps !

CHAPITRE VII

Les Évangiles

Les religions ont pour base la *révélation*. C'est l'ensemble des communications que les dieux, anges, saints, déesses, sont censés faire à l'humanité. Elle est verbale ou écrite. Elle a pour but d'établir l'existence de divinités dont le prêtre serait le mandataire. La révélation verbale résulte d'apparitions ou de miracles inventés par le prêtre et publiés par lui. La révélation verbale est régie par une règle qui n'a jamais comporté aucune exception.

Jamais un culte n'a essayé une apparition, à jour fixe, en un lieu indiqué, devant la foule convoquée. *Jamais* un culte n'a tenté de faire réaliser par ses divinités, en présence des médecins assemblés, ce miracle clair, net, catégorique, qui consisterait à faire repousser une jambe coupée ou à ressusciter un mort.

Il faut avoir,en pareille matière, le scepticisme moqueur de ce spirituel médecin, qui, interrogé sur la foi qu'il fallait attribuer aux propriétés merveilleuses de l'eau de Lourdes, répondait, en souriant : « Non, elle n'est pas « miraculeuse ; mais enfin, prise en lavements, « elle produit cependant son petit effet. »

La révélation écrite se produit sous la forme de livres prétendus sacrés, écrits par le prêtre, et attribués par lui à ses dieux.

Dans cet ordre d'idées, les Juifs eurent la Bible, les Egyptiens avaient quarante livres sacrés que l'on portait processionnellement, les Babyloniens en avaient d'autres, les Perses eurent le Zend-Avesta, l'Inde les Védas. Les Mahométans ont le Coran et les Chrétiens les Evangiles.

Chez les Grecs, la révélation écrite fut un recueil d'oracles attribués à des prophétesses, inspirées, disait-on, par la divinité.

Les Romains avaient les livres Sybillins, gardés par des prêtres spéciaux.

Tout cela constitua et constitue encore la littérature de la mystification religieuse.

Le mot Evangile vient de deux mots grecs, signifiant : bonne nouvelle.

Dès les premiers siècles, les évangiles furent attaqués violemment comme étant l'œuvre partiale et mensongère de polémistes inconnus, et ne présentant, par suite, aucune garantie de véracité.

Au troisième siècle, le Manichéen Fauste s'exprimait ainsi sur leur compte : « Tout le « monde sait que les évangiles n'ont pas été « écrits par Jésus-Christ, ni par les apôtres, « mais longtemps après, par des inconnus, qui, « jugeant bien qu'on ne les croirait pas sur des « choses qu'ils n'avaient pas vues, mirent à la « tête de leurs récits des noms d'apôtres ou « d'hommes apostoliques contemporains. »

C'est à des altérations des évangiles qu'est due l'existence de la papauté.

A l'origine, les évêques, simples surveillants, élus par les fidèles, s'appelaient tous papes, c'est-à-dire pères. Pour établir leur suprématie sur les autres évêques, ceux de Rome imaginèrent d'insérer, dans les évangiles, des textes par lesquels Jésus faisait, de son apôtre Pierre, son représentant officiel sur la terre.

Puis on soutint faussement que ce représentant avait été évêque de Rome et qu'il avait transmis ses pouvoirs divins à ses successeurs.

On lui attribua donc un faux épiscopat de 25 années ; on le fit martyriser à Rome, où il n'avait jamais mis les pieds. On lui fabriqua des successeurs fictifs ; et, pour établir la suprématie des évêques de Rome sur les autres, on publia 115 sentences et décrets de réglementation générale, qu'ils n'avaient jamais rendus. Ce fut l'apothéose du faux !!! On fabriqua aussi une donation par Constantin aux papes de la suprématie sur les évêques.

Et l'on ajouta à cette fraude gigantesque, qui, au bout de plus de trois siècles d'ardentes discussions, fit d'un ouvrier charpentier légendaire, une divinité, cette longue série de faux et d'énormes mensonges qui fit du minuscule évêque de Rome le demi-dieu qu'adorent encore nos prêtres et nos évêques, devenus ainsi des fonctionnaires de l'étranger.

A un moment donné, un savant collectionna les évangiles et en trouva cinquante-quatre. Un autre savant, qui n'était pas pressé, s'amusa à rechercher les variantes, c'est-à-dire les contradictions, les diversités de texte ou de récit existant entre ces évangiles, et en trouva trente mille. C'était le chaos.

A la fin du quatrième siècle, saint Jérôme déclare que les évangiles écrits en latin comprenaient presque autant de versions différentes que d'exemplaires. (Saint Jérôme, préfaces des Evangiles.)

Sur l'ordre du pape Damase, il entreprit de traduire les évangiles écrits en grec, de façon à arriver, à l'aide de corrections, de changements et d'additions, à une version unique, dont il serait l'arbitre. Le remède était pire que le mal, et Jérôme y gagna, ce qu'il craignait, d'être traité de faussaire et de sacrilège.

En traduisant la Bible, il avait remanié six cents textes. C'était un traducteur qui se substituait volontiers à l'auteur.

Dès le second siècle, le philosophe Celse nous apprend que les différentes sectes chrétiennes avaient déjà, à cette époque, pour donner raison à leurs systèmes, remanié trois ou quatre fois et même davantage le texte des évangiles.

Voici la liste des divers évangiles connus, tout au moins par leurs titres. Nous sommes loin d'affirmer qu'elle soit complète :

1° Evangile attribué à Mathieu;
2° Evangile attribué à Marc;
3° Evangile attribué à Luc;
4° Evangile attribué à Jean;
5° Evangile selon Leucius;
6° Evangile par Lucianus;
7° Evangile des Manichéens;
8° Evangile de Marcion;
9° Evangile de Mathias;
10° Evangile de la Nativité de Jésus-Christ;
11° Evangile de la Nativité de Marie;
12°, 13°, 14° Trois Evangiles de la Nativité de Marie;
15° Evangile de Nicodème;
16° Evangile de saint Paul;
17° Evangile de Perfection;
18° Evangile de saint Philippe;
19° Evangile de saint Pierre;
20° Evangile des Simonites;
21° Evangile selon les Syriens;
22° Evangile de Tatien;
23° Evangile de saint Thomas;
24° Evangile de Jude Thaddée;

25° Evangile de saint Jean sur la mort de Marie;
26° Evangile de Judas Iscariote;
27° Evangile d'Eve;
28° Evangile des Gnostiques;
29° Evangile selon les Hébreux;
30° Evangile d'Hésychius;
31° Evangile de saint Jacques le Majeur;
32° Evangile d'Appelle;
33° Evangile des douze Apôtres;
34° Evangile de saint Barnabé;
35° Evangile de saint Bartholomé;
36° Evangile de Basile;
37° Evangile de Corinthe;
38° Evangile de la délivrance de Marie;
39° Evangile des Ebionites;
40° Evangile selon les Egyptiens;
41° Evangile de l'enfance de Jésus;
42° Evangile de l'enfance du Sauveur;
43° Evangile éternel;
44° Evangile de saint André;
45° Evangile vivant;
46° Evangile de saint Justin le martyr;
47° Evangile des Nazaréens;
48° Histoire de Joseph par Jésus;
49° Protévangile de saint Jacques le Mineur;
50° Evangile des Encratites.

L'Eglise n'a conservé que quatre évangiles, attribués respectivement à Jean, Luc, Marc et Mathieu.

Elle n'a jamais donné aucune raison de ce choix purement arbitraire.

En dehors de ces quatre évangiles, il en reste en entier sept qui sont :

1° L'Evangile de l'enfance de Jésus;

2° Le Protévangile de saint Jacques le mineur;

3° L'Histoire de Joseph le charpentier, par Jésus;

4° L'Evangile de la Nativité de Marie;

5° L'Histoire de la Nativité de Marie et de l'enfance du Sauveur;

6° L'Evangile de Nicodème;

7° L'Evangile de Thomas l'Israélite.

L'Eglise les appelle apocryphes, c'est-à-dire douteux.

L'Evangile de l'enfance, émané, comme les évangiles canoniques, d'un auteur inconnu, fut attribué successivement aux apôtres Mathieu, Jacques, Thomas et Pierre.

Ici, dès la naissance de Jésus, les miracles abondent.

Marie, pour remercier les trois rois Mages, leur avait donné, précieuse relique, un des langes dans lesquels on avait enveloppé Jésus.

Défiants, les Mages pour en expertiser la valeur, le jetèrent dans un feu ardent et constatèrent qu'il était incombustible. Ce divin chiffon, comme les ustensiles de nos cuisinières, allait au feu.

Jésus, Joseph et Marie arrivèrent, un soir, dans une ville d'Egypte. Ce fut un désastre pour les idoles du pays dont les statues, affolées par la présence du seul vrai Dieu, descendirent de leurs socles, tombèrent à terre et se brisèrent avec fracas.

Un peu plus loin, la petite caravane rencontre une noce bien triste. La mariée était devenue subitement muette. Cela eut peut-être fait l'affaire du mari, qui eut ainsi été affranchi des commérages, mais c'était, pour l'épousée, une grosse privation. Bien inspirée, elle prend Jésus dans ses bras et le comble de caresses. La récompense ne se fait pas attendre et la parole est rendue subitement à l'infortunée

Quelques jours après, survient une jeune fille atteinte de la lèpre. Elle est aussitôt guérie. Reconnaisasnte, elle se joint à la sainte famille, l'accompagne dans son voyage et l'aide dans les soins du ménage.

Chemin faisant, la caravane passe une nuit chez un jeune marié ! Le pauvre garçon faisait triste figure. Il avait été frappé subitement par un diable espiègle, d'impuissance. C'était une bien inopportune infirmité. Il s'en montrait, comme l'on peut croire, ainsi du reste que sa petite femme, vivement contrarié ! La seule présence du divin enfant sous son toit lui rendit l'énergie qu'il avait perdue. Cela prouve que la divinité est aphrodisiaque.

Un beau matin, grand émoi dans la petite troupe. Elle venait d'apercevoir, dans une belle chambre, un mulet couvert d'une housse de soie, qu'embrassaient tendrement de grandes dames, et auquel elles prodiguaient les caresses et le bon fourrage.

Interrogées, elles apprirent à Marie que ce brave animal était en réalité leur frère ainsi transformé par des enchantements. On met Jésus à cheval sur le quadrupède et il redevient aussitôt le beau garçon qu'il était.

Transporté de joie, le mulet offre sa main à la jeune fille qui avait suivi la caravane. Elle l'accepte. La joie succède à la tristesse. On les marie. Inutile de vous dire que la sainte famille fut de la noce.

Tout cela se passe en Egypte. Au bout de trois ans, Joseph ramène son fils et sa femme en Judée et alors nouvelle série de miracles.

Deux enfants sont guéris par l'eau qui a servi à laver Jésus, un autre par un de ses langes dont on lui fait un vêtement.

La mère du gamin guéri par le lange donna

en échange à Marie une belle nappe. Marie, dès lors, lui accorda toute sa protection.

Une voisine, jalouse de la guérison miraculeuse du bambin, le jette dans un four allumé. Mais le feu s'éteint aussitôt. Furieuse, elle le précipite dans un puits. On le cherche et on le trouve bien tranquillement assis sur l'eau et flottant comme un bouchon. La nappe offerte à la vierge avait tout bonnement rendu ce morveux incombustible et insubmersible.

Citons encore la guérison de deux lépreux et d'une jeune fille dont le diable déguisé en dragon (rien de notre cavalerie), suçait tout le sang.

A sept ans, jouant avec des enfants, Jésus fabrique, avec de la terre, des loups, des ânes, des oiseaux et, à la stupéfaction générale, il leur donne tout à coup la vie.

Joseph fabriquait des cribles, des portes ou des coffres. Au besoin, cet excellent homme faisait des trônes. Le roi de Jérusalem lui en commanda un. Il y travailla pendant deux ans bien comptés. Mais, ô douleur, on s'aperçoit, avec stupéfaction, qu'il est trop étroit. De chagrin, le pauvre Joseph se couche sans souper. Jésus intervient alors, Joseph tire le trône à droite, Jésus à gauche, et le siège docile s'agrandit et se met à la largeur voulue.

Jésus était, du reste, d'un caractère fantasque et plutôt hargneux. Il guérissait celui-ci et tuait celui-là avec une égale désinvolture.

Donc, un jour, il veut jouer avec ses petits camarades. Ils se cachent, car ils le redoutaient. Mécontent, il les transforme en béliers. Et ce n'est que sur les supplications des mamans désagréablement surprises de cette modification radicale de leur progéniture, qu'il consent à leur rendre leur forme première.

Un autre jour, un enfant, en courant, manque de le renverser, il le frappe de mort.

Mais, un beau matin, un gamin avec lequel il jouait sur un toit, glisse, tombe et se tue. On accuse Jésus de l'avoir poussé. Obligé de se disculper, il ressuscite son petit camarade qui prend sa défense.

Après d'avoir conduit chez un nommé Zacchée, sorte d'instituteur qui se trouve être moins instruit que lui, Marie et Joseph lui donnèrent un maître plus savant.

Dès la première leçon, Jésus lui répondit insolemment. Le magister leva la main sur son élève qui, pour lui apprendre à vivre, s'empressa de le frapper de mort.

C'était une méthode quelque peu radicale d'apprendre la patience aux maîtres de son temps.

L'Evangile de la Nativité de Marie et de l'enfance du Sauveur fut attribué à saint Mathieu.

Il résout par l'affirmative la question, très controversée parmi les aliénés de l'église, de savoir si, même après son accouchement, Marie était restée vierge.

On trouve dans notre Evangile quelques nouveaux miracles.

C'est ainsi que, lors du voyage en Egypte, les lions, les loups, les léopards et autres animaux malfaisants accompagnent le chariot, traîné par deux bœufs, qui portait la sainte famille ; pleins de respect, ils vivaient en bonne intelligence avec les moutons que Joseph avait emmenés avec lui.

A l'âge de 3 ans, jouant avec des enfants, Jésus prend un poisson sec et salé. Il le place dans un bassin rempli d'eau ; le poisson ressuscite aussitôt, et se met à frétiller de belle manière.

Jésus avait 4 ans, quand il lui arriva ceci.

Avec d'autres gamins, il s'était amusé, sur les bords du Jourdain, à faire à l'aide de rigoles et de bassins, de petits lacs. Un de ses camarades taquin détruit ce beau travail. Immédiatement, Jésus le frappe de mort.

Et alors, intervention indignée des parents du décédé et trop justes récriminations de leur part, intervention aussi de Joseph et de Marie qui blâment énergiquement la promptitude de leur fils.

Enfin, après s'être longtemps fait prier, Jésus daigne honorer d'un coup de pied dans les reins sa victime qui se relève et s'enfuit joyeuse d'en être quitte à si bon compte.

Dans des circonstances analogues, Jésus, morveux redoutable, après avoir tué un autre de ses petits camarades, et en présence de l'indignation publique, ressuscite le marmot en le prenant par l'oreille et en le soulevant ainsi de terre.

Etant à Capharnaüm, Jésus apprend la mort d'un notable du pays, appelé Joseph.

Eh ! bien, dit-il plaisamment à son père, tu ne veux donc rien faire pour ton homonyme ?

Que veux-tu que j'y fasse, répond le bonhomme Joseph. Quand on est mort, c'est pour longtemps. Je ne suis pas de taille à lui rendre le service de le ressusciter.

Erreur, dit Jésus. Prends ce suaire et jette le lui sur la tête.

Et Joseph, tout heureux de rendre service, prend le suaire, part au trot et rappelle le décédé à l'existence.

Dans l'*Evangile de Thomas l'israélite*, on attribue comme dans les précédents, un fort mauvais caractère à Jésus.

Contrarié dans ses jeux d'enfants par le fils

d'Anne le Scribe, il le frappe de mort ; heurté par un autre enfant, il agit de même.

Et alors les habitants du pays de morigéner Joseph et de lui dire : Tu as un tel enfant que tu ne peux plus habiter le village ; il fait périr nos fils. Il faut t'en aller.

Joseph réprimande Jésus. Celui-ci lui répond insolemment que les observations qu'il lui fait lui ont été suggérées par les parents des enfants. Et pour punir ces malheureux, il les rend aveugles.

Cette fois, le paternel Joseph ne se possède plus, et furieux, se précipite sur Jésus et lui tire les oreilles.

On envoie cet indiscipliné à l'école. Mais l'instituteur Zacchée confesse que, pensant avoir un disciple, il s'est donné un maître.

Jésus, enchanté de cette humilité, rend alors, dans un mouvement de joyeuse humeur, la vue et la vie à ses victimes.

On lui donna un second maître qui, impatienté de ses réponses insolentes, le poussa légèrement.

Il fut immédiatement frappé de mort.

Et le pacifique Joseph, consterné des violences de son irascible rejeton, de recommander à Marie : « Ne le laisse plus franchir la porte « de la maison, car il tue tous ceux qui provo- « quent sa colère. »

Néanmoins, on lui donna un troisième maître qui, en homme avisé, déclara prudemment que son élève en savait plus que lui.

Très fier, Jésus, en considération de ce pédagogue flatteur, daigna rendre l'existence à celui qu'il avait tué.

Il ressuscita aussi un enfant d'un des apprentis de Joseph et un ouvrier tombé d'un échafaudage.

En regard des évangiles, écrits par des inconnus, pour établir la divinité de Jésus, plaçons simplement ce mot du matelot Pierre, son principal disciple, qui paraissait animé d'un joli scepticisme : « Israélites, écoutez ceci : « Jésus le Nazaréen, *homme* approuvé de Dieu... « vous l'avez crucifié. » (Actes des Apôtres, II, § 22.)

CHAPITRE VIII

La Vie de Jésus

Le minuscule peuple juif fut sans cesse accablé par des ennemis supérieurs en nombre et en force, et souvent emmené en captivité ou assujetti à une domination étrangère ; son esclavage en Egypte avait duré 430 ans, la captivité de Babylone se prolongea pendant 70 ans. Aussi a-t-il toujours espéré un Messie qui lui assurerait enfin la victoire et ferait de lui un grand peuple. Aujourd'hui, disséminés dans le monde entier, les Juifs ont encore foi en leur étoile et attendent leur sauveur. La tenacité de l'espoir est une spécialité judaïque.

La religion catholique enseigne au contraire que le Messie a paru, qu'il était fils du Dieu Juif et qu'il est venu sauver les hommes du péché commis quatre mille ans avant par nos prétendus premiers parents en mangeant on ne sait quel fruit. Elle ajoute que pour ne pas avoir cru en lui, le peuple juif a été puni et dispersé.

Comme on le pense, la question de savoir si Jésus était le Messie fut l'objet d'une grosse contestation entre ces religions.

Dans la Bible se trouvaient de très nuageuses prophéties relatives à l'homme puissant qui devait faire des Juifs un grand peuple.

L'Eglise chercha à les appliquer à Jésus. Aussi l'unique préoccupation des personnages inconnus qui ont écrit les quatre petites informes légendes, qu'on appelle les Evangiles, a-t-elle été de faire concorder strictement les moindres détails de la vie de leur héros avec les prophéties.

L'Evangile de Mathieu comporte une trentaine de pages. On y trouve neuf fois cette réflexion : Tout cela se fit afin que ces paroles du prophète fussent accomplies, etc...

C'était un véritable tour de force que d'appliquer à Jésus des prédictions se rapportant à un puissant guerrier, père d'une descendance qui ne finirait jamais, et devant faire de Jérusalem le sanctuaire de toutes les nations, la ville toujours ouverte aux rois de la terre ses sujets, à leurs trésors et à leur suite. Il fallait oublier que Jésus était un Dieu pacifique et célibataire.

Enfin, il est à noter, comme nous l'avons vu, qu'il y eut autrefois plus de cinquante évangiles. Que disaient ceux qui ont été supprimés? La vérité se trouvait-elle dans leurs pages ? Se rencontre-t-elle plus ou moins altérée dans les pages des Evangiles qui subsistent ? On en sait absolument rien.

Au point de vue historique, on pourrait donc au milieu d'une page blanche, ayant pour en-tête : La Vie de Jésus, placer un gigantesque point d'interrogation. Ce signe calligraphique résumerait à merveille, d'une manière aussi exacte que concise, ce que nous savons de l'histoire de ce personnage dont l'existence même fut mise en doute dès l'origine de l'Eglise.

Tout ce qu'on peut faire comme biographie,

c'est de résumer en deux mots, en faisant toutes réserves quant à leur véracité, les quatre évangiles qui restent. On arrive ainsi à une notion, du reste parfaitement incertaine, de son individualité.

Le nom « Jésus » viendrait du sanscrit « Jezeus », qui veut dire essence divine et d'où proviendrait aussi le nom « Josué ». Selon d'autres étymologistes, il signifierait : Sauveur. Il était aussi fréquent chez les Juifs et chez d'autres peuples que les appellations Pierre ou Paul chez nous. Neuf personnages de la Bible le portent. Il n'y a donc aucune indication à tirer de ce nom.

Le mot Christ veut dire « oint. » Avant Jésus, on l'appliquait aux rois, aux prophètes, aux prêtres. (Strauss, *Vie de Jésus*, I-XXVIII.)

Quand est né Jésus ?

On ignore absolument le jour, le mois et l'année de sa naissance. Deux Evangiles seulement en parlent et ils se contentent de dire qu'il est né du temps du roi Hérode. L'indication est vague, Hérode ayant régné plus de 40 ans. D'autre part, certains auteurs font mourir Hérode quatre ans avant la naissance de Jésus, ce qui complique encore la situation.

L'Eglise catholique a d'abord célébré l'anniversaire de sa naissance le 6 janvier. Plus tard, elle l'a fêté le 25 décembre. A cette date existait chez les Romains une fête que l'on appelait les Saturnales. Pour ne pas changer les usages des populations, elle y susbstitua Noël.

L'Evangile de Luc dit que la nuit de sa naissance les bergers gardaient les troupeaux dans les champs. Or on ne mène pas les troupeaux dans les champs au 25 décembre. Cette date est donc certainement erronée. (Luc, II, 8.)

On compte environ deux cents systèmes sur la date du jour, du mois et de l'année de cette naissance. Ils sont dus presque tous aux Pères de l'Eglise qui ont peiné pendant des siècles pour déterminer à l'aide de calculs et de rapprochements l'époque de la naissance de leur Dieu. En réalité, l'incertitude est complète.

Où est né Jésus ? Le Messie devait, d'après les prophéties, naître à Bethléem, ville natale de David, son ancêtre. Aussi est-ce là que deux évangélistes placent le lieu de sa naissance. Seulement, tandis que Mathieu fait habiter, à cette époque, la famille de Jésus à Bethléem, puis plus tard à Nazareth, Luc nous apprend qu'elle habita toujours ce dernier pays. D'après lui, si Marie accoucha à Bethléem, c'est qu'elle avait été obligée de s'y transporter pour un recensement que César Auguste faisait faire du monde soumis aux Romains. On ne trouve au reste aucune trace de cette immense opération. Ce recensement a été imaginé uniquement pour arriver à appliquer la prophétie faisant naître le Messie à Bethléem.

Jésus est né d'une femme qui s'appelait Marie (de Myriam, la grosse), et qui avait pour époux le charpentier Joseph. Il eut quatre frères et deux sœurs. Sur ce point, les quatre Evangiles sont d'accord. Ils donnent même les noms des frères de Jésus. Les textes sont formels, le latin dit : *fratres* et le grec : *Adephoï*. Le récit concorde au reste pleinement avec les mots employés. Embarrassé, le clergé catholique prétend, contre l'évidence, qu'il s'agit de cousins ou d'enfants que Joseph aurait eu d'un précédent mariage qui n'a jamais existé, et auquel aucun texte ne fait la moindre illusion (Strauss, *Nouvelle Vie de Jésus*, I-XXXI.) —

(Peyrat, *Histoire élémentaire de Jésus*, 86.) — (Renan, *Vie de Jésus*, 25.) — (Larroque, *Examen critique*, II, 402.)

Des prophéties disaient, les unes que le Messie devait être un descendant de David, et les autres qu'il devait naître d'une vierge.

Pour établir que Jésus descendait de David, Luc et Mathieu ont dressé chacun un arbre généalogique aboutissant à Joseph, père de Jésus. (Luc, III; Mathieu, I.).

Les deux généalogies de Luc et de Mathieu quoique dictées, selon l'Eglise, par le Saint-Esprit, ne concordent pas. C'est ainsi, notamment, que Mathieu donne pour père à Joseph un nommé Jacob, tandis que Luc l'appelait Héli.

Restait, pour nos deux évangélistes, à faire naître Jésus d'une vierge. Cela ne les embarrassa nullement. Au paragraphe premier de son premier chapitre, Mathieu avait donné la généalogie de Jésus descendant de David et fils de Joseph. Au paragraphe 18, il le fait naître de la Vierge Marie par l'opération du Saint-Esprit.

Luc a fait l'opération inverse. Au paragraphe 35 de son premier chapitre, il fait naître Jésus d'une vierge et au paragraphe 23 de son chapitre III, il le fait naître de Joseph.

Les prophéties ont ainsi reçu ample satisfaction. Les évangélistes, en hommes conciliants, nous ont donné les deux versions, à moins, ce qui semble le plus probable, que les paragraphes qui font naître Jésus d'une vierge n'aient été ajoutés lors des nombreuses retouches que subirent les évangiles.

Les falsificateurs eussent bien dû profiter de l'occasion pour rayer le paragraphe de Luc dans lequel il nous apprend que la prostituée

Marie de Magdala et d'autres femmes accompagnaient Jésus et l'*aidaient de leurs biens*. Luc ne pouvait se douter, en écrivant ces lignes, des conséquences désastreuses pour la moralité de Jésus que l'on en a tirées. (Luc, VIII, 2 et 3.)

La classe des dieux que la superstition a fait naître d'une vierge est nombreuse. Jezeus Christna, le prédécesseur Indou de Jésus, était né de la Vierge Devanaguy. Les Chinois comptent plusieurs vierges-mères fécondées d'une manière miraculeuse. C'est une vierge qui avait donné naissance à Mithra, un Dieu des Perses, et à Horus, un Dieu égyptien. Un dieu scandinave Heimdall fit encore mieux les choses et naquit de neuf vierges fécondées par un Dieu.

Les Romains croyaient, peut-être, en souriant un peu, qu'une vierge pouvait être fécondée sans l'intervention d'un homme, et les prêtres aruspices étaient chargés de transporter, dès leur naissance, dans une île déserte, les enfants nés dans ces circonstances étonnantes.

Les Egyptiens avaient étendu la grossesse miraculeuse aux simples quadrupèdes et leur Dieu, le bœuf Apis, naissait d'une génisse fécondée par un éclair.

Les hommes célèbres ont imité les dieux. Alexandre était né de Jupiter. Platon et Auguste d'Apollon.

Ce ne fut qu'une centaine d'années après la mort de Jésus que l'on commença à parler de sa naissance miraculeuse qui demeura parfaitement ignorée de sa mère, de lui-même, des apôtres et des premiers chrétiens.

Jésus fut régulièrement condamné à mort en vertu de la loi juive : « Celui qui aura blas-« phémé le nom de Dieu, dit le Lévitique,

« XXIV, 16, sera puni de mort ; toute l'assem-
« blée ne manquera pas de le lapider. »

La Bible n'admettait pas la pluralité des dieux. Se dire fils de Dieu, comme Jésus le faisait, constituait donc, de la part d'un homme, pour les Juifs, un blasphème évident. Aussi avaient-ils cherché deux fois à le lapider et une autre fois à le précipiter du haut d'un rocher. (Jean, VIII, 59, X, 31. — Luc, IV, 29.)

D'autre part, depuis que les Juifs étaient soumis à la domination romaine, plusieurs faux Messies, comme nous l'apprend l'historien Josèphe, s'étaient produits et avaient causé des séditions qui avaient été noyées dans le sang.

La crainte que Jésus et la foule plus dangereuse que distinguée qu'il entraînait à sa suite ne causât quelque sanglante bagarre explique son arrestation et son exécution. Il ne faut pas oublier son attitude brutale vis-à-vis des vendeurs du Temple, qu'il n'avait évidemment pu expulser qu'avec l'aide du peuple ou de ses disciples et son entrée triomphale à Jérusalem.

D'autre part, Jean nous apprend (Jean, VI, 15), que ses partisans voulaient le proclamer roi, et qu'il dût s'enfuir pour échapper à leurs ovations compromettantes. Les autorités juives et romaines en le mettant à mort agirent évidemment dans l'intérêt de la tranquillité publique et afin de se débarrasser d'un agitateur du peuple.

Quoiqu'il en soit, il comparut d'abord devant le Sanhédrin ou grand tribunal juif, composé du grand prêtre et des chefs du peuple. Interrogé, il déclara être le fils de Dieu. Cet aveu entraîna sa condamnation à mort. (Marc, XIV, 61 et 62.)

Les Juifs ne pouvant à cette époque exécuter les condamnations capitales sans l'approbation romaine, il fut renvoyé devant le prêteur Pilate. Là, il se déclara le roi des Juifs. C'était une prétention évidemment séditieuse. Pilate confirma donc la condamnation qui fut à la fois religieuse et politique et Jésus subit la mort comme blasphémateur et séditieux. (Marc, XV, 2.)

Tout autre eût subi le même sort.

Jésus était évidemment un exalté. Sa famille le considérait comme atteint de démence, et bon nombre de Juifs partageaient cet avis. En se donnant comme fils de Dieu et le Messie, en se disant le roi des Juifs, avait-il une ambition politique ? Quel était son but ? Quelles étaient ses espérances ? Ses prétentions étaient-elles simplement le résultat d'un trouble intellectuel ou la manifestation de projets dûment calculés? On ne le saura jamais.

Quant à la mort de Jésus, on n'est pas mieux fixé. Si, en effet, les Evangiles le font mourir sur la croix, divers ouvrages juifs cités par Renan (*Vie de Jésus*, chap. XXV) prétendent qu'il fut lapidé conformément à la loi juive plus haute citée.

C'était là un supplice moins cruel que la croix. Le condamné, dépouillé de ses vêtements, était conduit sur une élévation de terrain égale à deux fois la hauteur d'un homme. On le précipitait en bas de façon qu'il tombât sur son dos. S'il n'était pas mort, on l'achevait à coups de pierres. Puis on lui joignait les mains, on les lui liait dans cette position. On plantait en terre une poutre verticale à laquelle on adaptait un bras horizontal auquel on pendait par les mains et face au public l'exécuté. Le corps ne devait pas rester la nuit pendu à la potence et il devait être enseveli le même jour. (Deutéronome, XXI, 22-23, Talmud de Jérusalem. — Traité Sanhédrin, traduction de M. Moïse Schwab, X, chap. VI.)

Croix ou lapidation, Jésus aurait été suspendu et une confusion a pu se faire entre les deux supplices. La version de la croix présente de bien bizarres anomalies.

C'était un supplice romain fort commun. A l'occasion d'une sédition, deux mille Juifs le subirent. Aucun doute ne pouvait subsister sur son application.

Ce qui en faisait l'effroyable cruauté, c'est que le patient vivait plusieurs jours. Le but de ce châtiment terrible était d'épouvanter les vivants par la vue des lentes et atroces souffrances de l'agonisant.

Or, si l'on consulte les Evangiles, ceux de Luc, Mathieu et Marc ne font vivre Jésus que trois heures sur la croix, celui de Jean fait durer son supplice six heures. Aussi Marc nous raconte-t-il que Pilate manifesta sa stupéfaction d'une mort si prompte, et qu'il n'en fut convaincu que par les affirmations plus ou moins véridiques de l'officier chargé de l'exécution. Il permit donc à Joseph d'Arimathée l'enlèvement du corps. (Marc, XV, 44.)

D'autre part, les contradictions abondent dans les récits des évangélistes. Les Juifs, en se plaçant dans l'hypothèse du supplice de la croix, faisaient remarquer que Jésus était ressuscité d'autant plus aisément qu'il n'était pas mort, ayant été détaché de la croix à la suite d'une syncope vraie ou fausse.

La chose n'était pas absolument impossible,

car Josèphe nous raconte que, passant un jour avec Titus devant de nombreux Juifs mis en croix, il demanda et obtint la grâce de trois d'entre eux. On les détacha, mais un seul survécut.

C'est évidemment pour répondre à cette objection que dans l'Evangile de Jean on fit donner à Jésus un coup de lance par un soldat romain. Les trois autres évangélistes n'en parlent pas.

D'un autre côté, ces trois évangélistes nous racontent qu'au moment de la mort de Jésus, la terre se couvrit de ténèbres pendant trois heures, des morts ressuscitèrent et vinrent se promener dans Jérusalem, un tremblement de terre se produisit. Or, Jean, qui prétend avoir assisté en personne au supplice de son maître, ne souffle mot de ces prétendus miracles qui furent absolument ignorés des contemporains, bien qu'ils eussent dus être vus et commentés par des millions d'hommes.

La mort et la résurrection des dieux fut un dogme commun à de nombreuses religions. « Chez les Perses, dit Dupuis (*Origine de tous « les cultes*, V, 289), on pleurait la mort de « Mithra et on célébrait par les expressions de « la joie la plus vive sa résurrection. On pré- « sentait aux yeux des initiés un cadavre qui « représentait Mithra mort et on annonçait en- « suite sa résurrection ; après quoi, on invitait « les initiés à se réjouir de ce que le Dieu mort « était ressuscité et, par ses souffrances, avait « fait leur salut. — Trois mois auparavant, le « 25 décembre, on avait célébré sa naissance. »

Jésus ne serait-il que Mithra comme le prétend Dupuis ?

Tertullien reconnaît que le christianisme et la religion perse avaient le même dogme de la résurrection de leur Dieu. (Tertullien, *Traité des prescriptions.*)

Parmi les autres Dieux morts et ressuscités, on peut citer Horus, Adonis, Bacchus, Osiris, Apollon, Hercule, etc. (Dupuis, table V° résurrection.)

Dans tous les cultes auxquels ces Dieux appartenaient, on pleurait tendrement leur mort, on représentait leurs cadavres, on célébrait avec des explosions de joie leur retour à la vie.

On comprend le parti que les partisans de la non-existence de Jésus ont tiré des similitudes du christianisme avec les religions qui l'ont précédé, notamment sur ce point traditionnel de la mort et de la résurrection qui apparaît comme un dogme classique commun à presque tous les cultes.

Il prête à la mise en scène et il est de nature à exciter de vifs sentiments chez les fidèles. Il y eut Bacchus au tombeau, comme il y a aujourd'hui Jésus.

Les anciennes religions donnaient sur la naissance, la parenté, les actes, la mort, la résurrection, l'ascension au ciel de leurs divinités, des renseignements bien plus circonstanciés que ceux que nous possédons sur Jésus. Pendant des siècles, ces dieux furent adorés par de grands peuples. On reconnut enfin qu'ils n'avaient jamais existé. Dans ces conditions, on comprend à merveille les doutes sur l'existence même du Christ.

Descente du ciel sur la terre, incarnation dans le sein d'une vierge, mort violente, descente aux enfers, résurrection, ascension aux cieux, voilà des traits communs à Jésus et à de nombreux dieux qui l'avaient précédé.

Les prédications et le supplice de Jésus passèrent totalement inaperçus de l'immense majorité des Juifs. La plupart de ses contemporains ne se doutèrent même pas de son existence.

Ce fut Marie de Magdala qui répandit le bruit de la résurrection. Les Juifs prétendirent qu'elle avait uniquement consisté dans l'enlèvement du corps, la nuit, par les disciples.

Jésus aurait vécu trente-trois ans. Les évangiles ne fournissent de détails que sur les trois dernières années. Ses prédications auraient duré un peu plus de deux ans, selon les uns, une seule année, selon les autres.

Ajoutons, pour être complet, que dans son évangile, Jean (VIII, 37) fait dire par les Juifs à Jésus : « Tu n'as pas encore cinquante ans et tu prétends avoir vu Abraham. » On a tiré de ces mots cette conséquence que Jésus était mort ayant presque atteint la cinquantaine. (Strauss, I-XL.)

En résumé : lacune de près de 30 ans dans les récits des évangiles, incertitude sur la date et le lieu de la naissance de Jésus et sur son genre de mort, voilà l'exact résumé des notions que nous possédons sur son compte.

Jésus fit peu de miracles, les auteurs des évangiles manquaient d'imagination, les prodiges du Christ s'en sont ressentis. En matière religieuse, dans ce domaine de la pure imagination, il faut faire grand ou s'abstenir.

Sans doute, il ressuscita son ami Lazare, la fille de Jaïre et le fils unique de la veuve de Naïn, mais avant lui, le prophète Elie avait rappelé à la vie le fils de la veuve de Sarepta (Rois, I-XVII), et le prophète Elysée, le fils de la Sulamite (Rois, II-IV.) — Elysée, mort et dûment couché dans son tombeau avait même ressuscité un défunt dont on avait jeté le corps sur lui (Rois, II-XIII.)

Après lui, Paul ressuscita un de ses auditeurs, endormi par son éloquence et tombé d'une fenêtre, saint Pierre ranima la veuve Tabitha, morte et déjà ensevelie (Actes des apôtres IX et XX); saint Benoit fit aussi revivre un mort et saint Martin rappela à la vie son propre frère. Saint Alexandre remit sur pied un pauvre défunt que l'on menait tristement à sa dernière demeure et saint Xavier en fit autant.

Christna, le modèle indou de Jésus, faisait bien mieux les choses. Il avait le prodige copieux, le miracle abondant et superbe. Trente mille hommes sont morts dans une bataille, d'un mot il les ressuscite, quarante mille bergers sont tués par le tonnerre, qui, lui aussi, comme on le voit, fait largement les choses dans l'Inde, d'un geste il leur rend la vie.

Jésus nourrit cinq mille personnes avec cinq pains, Elie, avant lui, avait fait le miracle de l'huile et de la farine qui ne s'usent pas. (Rois, I-XVII), Elysée l'avait renouvelé pour l'huile, et avait nourri le peuple avec un pot de potage et 20 pains d'orge (Rois, II-IV.) La belle affaire ! Christna nourrit l'Inde entière, c'est-à-dire des millions d'hommes, pendant un an, avec trois poignées de riz.

Jésus en se disant doux et humble de cœur se flattait beaucoup. (Mathieu, XI, 29.)

Il avait l'épithète impolie et l'injure facile. Agneau, soit, mais agneau qui mordait à l'occasion. Il faut voir avec quel entrain ce polémiste fougueux traite les pharisiens de race méchante et adultère, de race de vipères, de race incrédule et perverse, d'aveugles, d'hypocrites, d'insensés, de serpents et de sépulcres blanchis... Quant à Hérode, il le malmène comme un simple mortel, en l'appelant renard

Luc, XIII, 32), et un jour, impatienté, il va jusqu'à traiter ce malheureux Pierre de Satan. Marc, VIII, 33.)

Là où Jésus dépassa la mesure, c'est quand, armé d'un fouet fait de cordes, il fit soudainement irruption dans le Temple, répandant à terre la monnaie des changeurs, renversant leurs tables, précipitant de leurs sièges ceux qui vendaient des animaux pour les sacrifices et chassant devant lui, pêle-mêle, le troupeau, bondissant et mugissant sous les coups, des changeurs, des vendeurs, des taureaux et des brebis (Jean, II, 15 — Marc, XI, 15.)

La religion juive comportait alors l'immolation d'animaux variés. Le fidèle communiait avec la chair de certains sanctifiés par le prêtre. Les personnes qui, dans les dépendances du temple, vendaient ces animaux aux fidèles n'étaient donc pas des intrus, mais des auxiliaires du culte. En les chassant, Jésus entrava l'exercice des pratiques religieuses et commit un vrai sacrilège.

Les chrétiens ont trahi la vérité, en faisant, en cette occasion, de Jésus, un justicier, chassant du temple des parasites. Son geste fut inexcusable.

Ce dut être un joli scandale. De nos jours, on crierait à l'anarchie et on conduirait au poste le Dieu sans gêne qui se permettrait pareille démonstration sur les côtes des vendeurs de cierges ou de chapelets ou sur les éventaires des marchandes de scapulaires ou de médailles.

Quant aux doctrines de Jésus on peut les envisager au point de vue religieux, social et moral. Nous traiterons de la prétendue morale de Jésus dans le chapitre consacré à la morale et aux religions.

Au point de vue religieux, Dieu, les anges,

les démons, l'âme, son immortalité, les enfers, les purgatoires, les paradis, le baptême, la confession, la communion, etc., existaient bien des siècles avant lui. Sa seule innovation consistait à se dire le Messie et le fils de Dieu. Elle n'eut pas de succès de son vivant. Ses frères, ses sœurs et sa mère le considéraient comme fou et voulaient l'arrêter et l'enfermer. (Marc, III, 21-31.) Ses compatriotes partageaient le même sentiment et voulaient le précipiter du haut d'un rocher. (Luc, IV, 29 — Jean, X, 20.)

Il annonçait que la génération à laquelle il appartenait ne se passerait pas sans qu'il vînt juger le genre humain, punir les méchants et récompenser les justes. (Mathieu, IV, 17 — X, 7 et 23 — XVI, 28 — XXIV, 34, 42, 44 — Marc, IX, 1 — XIII, 30 — Luc, XXI, 32.) Voyez aussi Apocalypse de Jean, I, 1 et 3. Il ne pouvait donc songer à créer une religion pour un monde qui allait périr.

La proximité de ces récompenses et de ces châtiments presque immédiats, créa le christianisme. Avec le zèle que donne le fanatisme, les apôtres et Paul répandirent partout le dogme de la fin prochaine du monde et du jugement dernier à brève échéance.

C'est cette perspective des béatitudes célestes qui explique la joie étrange avec laquelle les premiers chrétiens fanatisés volèrent au martyre, la vogue qu'eut alors le célibat, car à quoi bon créer des familles qui allaient disparaître, la mise en commun par les premiers chrétiens de leurs fortunes, et l'empressement des populations terrorisées à adopter une religion qui consistait alors uniquement en la croyance à la fin du monde. Le nombre des martyrs a été, au reste, prodigieusement exagéré par l'Eglise.

Quand la génération contemporaine de Jésus

eut disparu, on reporta la destruction du monde à la génération suivante. On continua ce report si bien que le philosophe Celse, nous raconte que, de son temps, c'est-à-dire au deuxième siècle, les prédicateurs chrétiens intéressés à terroriser les riches, annonçaient encore, avec un incomparable aplomb, la fin du monde à brève échéance.

Enfin, quand il fallut se rendre à l'évidence, on trouva dans l'Apocalypse de Jean, le chapitre 20, qui parlait vaguement de mille ans. On découvrit aussi, dans le même sens, un texte de saint Jacques, et il fut entendu que la fin du monde n'arriverait qu'en l'an mil.

En l'an mil, le clergé, imitant les premiers chrétiens, profita aussi de l'épouvante pour s'enrichir.

Jésus n'avait donc pas entendu fonder une religion pour un monde qui allait disparaître et il s'était conformé aux prescriptions du culte juif. Ses apôtres continuèrent à suivre les pratiques de cette religion. Seul, Paul, qui ne l'avait pas connu, se mit à prêcher, en vue du cataclysme final, une doctrine nouvelle et sommaire, exclusive du culte israélite, qui consistait uniquement à croire à la venue de Jésus et à se préparer à une bonne fin. Les premiers chrétiens étaient des condamnés à mort qui se réunissaient pour prier ensemble et s'entraînaient en vue d'une catastrophe immédiate.

En créant ainsi des disciples de Jésus, en vulgarisant sa légende, Paul amassa des éléments, dont, après sa mort, les prêtres s'emparèrent pour fonder le christianisme.

Au point de vue social, Jésus fulminait contre les riches, exaltait les déshérités de la fortune dont il était, préconisait et pratiquait la vie en commun. Il allait de bourgade en bourgade, vivant misérablement, et en bohême, des libéralités qu'on pouvait lui faire. De nos jours, on l'eût arrêté pour vagabondage.

Ses discours étaient souvent incohérents, aussi ont-ils servi à étayer les thèses les plus diverses.

En dehors des évangiles, nous ne possédons sur Jésus qu'une biographie due à la plume éloquente de Celse, un philosophe qui vivait au second siècle après Jésus.

Celse, semble avoir été absolument écœuré des absurdités de la religion nouvelle, du mépris qu'elle faisait de la divinité en la pliant à ses imbéciles croyances et de l'audace inouïe des charlatans qui aidaient à la propagation de ses dogmes insensés.

Son œuvre, intitulée : « Le Discours de Vérité », a été détruite par l'Eglise, mais Origène, un théologien, qui avait entrepris la tâche ingrate de la réfuter, nous en a laissé assez d'extraits pour que l'on puisse affirmer que jamais plus éloquente attaque, jamais plus foudroyante réfutation, jamais plus éclatantes imprécations n'ont été dirigées contre les dogmes de l'Eglise. Le lecteur trouvera dans l'ouvrage si intéressant de Dide : « La fin des religions », d'amples citations de la polémique de Celse.

Celse dégage brutalement la personnalité de Jésus des légendes dorées dont les premiers fidèles l'avaient enveloppée et nous le dépeint tel qu'on le connaissait à son époque.

Jésus naquit en Judée. Il est l'enfant adultérin d'un soldat romain appelé Panthéra. Marie, sa mère, fut chassée par Joseph, son époux, à laquelle son inconduite avait été révélée. Elle erra à l'aventure et accoucha secrètement du futur Dieu des catholiques.

Ce Dieu était laid, petit, fort mal bâti. Il se

réfugia en Egypte où il vécut misérable en travaillant pour les autres.

Les Egyptiens étaient passés maîtres dans l'art de la magie et de la prestidigitation, exorcisant les possédés, guérissant les malades, faisant mille tours d'adresse. Jésus fut initié à ces pratiques qui lui donnèrent vite, à son retour en Judée, au milieu de la population de naïfs et d'ignorants qui l'entouraient, une réputation surhumaine.

Ce fut un Dieu de comédie, parlant à satiété, et n'étant écouté de personne. Les multitudes, dont parlent les évangiles, furent aussi chimériques que ses miracles.

Rebelle au travail, ce vagabond se mit à mendier en compagnie de douze lurons peu scrupuleux et se fit accompagner de femmes sans moralité, qui entretinrent de leur mieux cette caravane suspecte.

Comme caractère, Jésus était d'un naturel souverainement irritable, maniant avec entrain et dextérité les imprécations et les injures. Comme morale, il était absolument inférieur pour la forme et le fond aux philosophes grecs qu'il a maladroitement copiés.

Cette biographie, malheureusement incomplète, nous donne une troisième version de la naissance de Jésus. Les évangiles en avaient fait successivement l'enfant légitime de Joseph, puis le fils adultérin du Saint-Esprit. Celse remplace ce dernier par un soldat. Ce n'est pas plus réconfortant pour Joseph, trompé dans les deux cas, mais l'intervention de l'armée romaine dans la naissance de Jésus la rend tout au moins plus vraisemblable.

Quant au séjour en Egypte, il explique parfaitement le silence à peu près complet qu'observent les évangiles sur les trente premières années du Christ.

Celse traite Jésus de charlatan. Il faut bien reconnaître que les évangiles eux-mêmes lui donnent l'attitude suspecte d'un homme qui se rend bien compte que ses miracles et sa prétendue divinité n'avaient de réalité que pour les naïfs et les pauvres d'esprit.

C'est ainsi que, mis deux fois en demeure par les Pharisiens de faire un miracle, il s'y refuse avec une obstination que l'on comprend très bien. (Mathieu, XII, 38 et XVI, 1.)

C'est ainsi, encore qu'il recommande parfois à ses disciples, avec une énergie étrange, de ne pas parler de ses miracles et de ne pas dire qu'il était le Christ (Marc, I, 43, V, 43, VII, 36, IX, 9, III, 12, VIII, 30, Luc, V, 14, Mathieu, XVII, 9, XVI, 20, XII, 16.)

Il y a là des craintes, des hésitations, une clandestinité voulue, qui ne ressemble guère à l'attitude éclatante et hautaine qui eût convenu à un Dieu descendu solennellement sur la terre pour racheter le genre humain.

C'est ainsi, enfin, que les évangiles avouent naïvement qu'il ne pouvait faire que peu ou point de miracles en présence des incrédules et particulièrement de l'immense majorité de ses concitoyens de Nazareth, pour lesquels il fut toujours, comme pour sa famille, dénué de tout prestige.

Aussi, disait-il tristement : Nul n'est prophète dans son pays (Mathieu, XIII, 57), et il ajoutait en variante : Un prophète n'est méprisé que dans son pays, parmi ses parents et ceux de sa famille. (Marc, VI, 4.)

CHAPITRE IX

Jezeus-Christna, le prédécesseur indou de Jésus

Le Concile de Trente avait pris une bonne précaution. Il avait anathématisé ceux qui prétendraient que les dogmes et les rites de l'Eglise catholique provenaient des anciennes religions. C'était une défense de crier : au voleur.

L'exalté Jésus, juif de nation et de religion, mourut, comme l'indiquent à la fois les Evangiles canoniques et la doctrine des apôtres, persuadé de l'imminence de la fin du monde qu'il devait venir juger. Il ne fut donc en rien le fondateur du christianisme.

Il devint l'objet de plus de cinquante légendes fantaisistes appelées évangiles, dont les premières parurent cinquante ans après sa mort, que leurs auteurs, créèrent, accommodèrent et rectifièrent selon leur caprice, en s'inspirant surtout des aventures de Jezeus Christna, le Jésus-Christ indou.

Et ce fut seulement le concile de Nicée, en l'an 325, qui, sur l'ordre formel de l'empereur Constantin, faisant enfin un choix entre les légendes, les sectes et les systèmes, finit par élaborer le « *credo* » contenant les articles de foi de la nouvelle religion, due, après des discussions et des tatonnements séculaires, à la seule initiative du prêtre et créée dans son seul intérêt.

Dupuis, dans son célèbre ouvrage : « Origine de tous les cultes », imprimé en 1795, volume V., page 136, donnait une citation d'un astronome arabe, de laquelle il résultait que les Perses, les Chaldéens et les Egyptiens connaissaient, bien avant la naissance de Jésus, un autre Jésus appelé le Christ que l'on représentait comme un enfant dans les bras d'une vierge.

M. Louis Jacoillot, le savant indianiste, a retrouvé dans l'Inde ce Jésus-Christ mystérieux qui avait tant intrigué Dupuis. Il l'a fait connaître dans deux courageux ouvrages : la Bible dans l'Inde et Christna. Ils seront notre guide pour ce chapitre.

La religion indoue, une des plus anciennes, sinon la plus ancienne du globe, repose sur des incarnations successives de ses dieux. Ils viennent sur la terre, sous des formes diverses, chaque fois qu'ils le jugent utile.

C'était une excellente manière d'entretenir la foi. Les Indous avaient pris un abonnement à l'incarnation.

Les Indous avaient trois dieux qui, sous le nom de Trinité, n'en font qu'un. Ce sont : Brahma, Vichnou et Siva.

Adopté par les Chrétiens, le dogme de la Trinité provoqua, quand il parut, les joyeux éclats de rire des païens. Un auteur grec nous a plaisamment raconté l'embarras d'un néophyte qui, comptant ses trois dieux sur ses doigts, n'arrivait pas à comprendre, malgré ses efforts, que deux plus un ne faisaient qu'un.

En affirmant que ses trois dieux n'en font

qu'un, l'Eglise donna à son culte polythéiste les apparences d'une religion monothéiste. D'autre part, la secte des Ariens disait : « Le propre « d'un Dieu est d'être éternel et de n'avoir « été créé par personne. Jésus, simple créature « engendrée par son père, n'est donc pas Dieu. »

Vaincu au concile de Nicée, mais vainqueur au concile de Philippopolis, l'Arianisme à un moment tout puissant, allait, en niant la divinité de Jésus, tuer le christianisme.

L'Eglise procéda au sauvetage en déclarant, dans le *Symbole* d'Athanase, que ses trois dieux n'en faisant qu'un, le fils était aussi vieux que le père et n'avait été créé par personne.

Elle appela audacieusement mystère cette pure folie, à elle dictée par la nécessité et l'instinct de conservation.

Brahma descendit quatre fois sur la terre et y demeura, chaque fois, de longues années. Vichnou y fut en continuelle villégiature, se transformant, selon les circonstances, en poisson, en tortue, en sanglier et, enfin, en homme sous le nom de Jezeus Christna. C'est cette dernière transformation qui fait l'objet de ce chapitre.

Vichnou, en se promenant, avait fait une descente aux purgatoires indous. Il y fut témoin des souffrances des pécheurs et résolut de descendre sur la terre pour y enseigner la morale et racheter les péchés.

Il s'incarna lui-même dans le sein de la Vierge Devanaguy, et il naquit à Madura dans le sud de l'Hindoustan, plus de trois mille ans avant Jésus.

On lui donna le nom de Christna ou Kristna, qui veut dire sacré, et ses disciples y ajoutèrent celui de Jezeus qui signifie : la pure essence divine.

Sa venue avait été annoncée par de nombreuses prophéties. La mère de la vierge Devanaguy était la sœur du rajah de Madura. Celui-ci averti, en songe, qu'un enfant né de cette vierge le ferait mourir à cause de ses crimes, fit enfermer Devanaguy dans une tour; puis il mêla du poison à ses aliments et la laissa enfin sans nourriture. Ce fut en vain; elle continua à se porter à merveille.

Vichnou vint s'incarner en elle dans la prison même. Aussitôt l'accouchement, un vent épouvantable ouvrit les murs de la tour et transporta la mère et l'enfant dans une bergerie dont les bergers se mirent à adorer le nouveau-né.

Furieux, le rajah prescrivit à ses soldats de massacrer tous les enfants nés dans son empire le même jour que Christna, espérant englober celui-ci dans le massacre. Mais, quand les soldats arrivèrent, un miracle se produisit. Christna se mit à grandir à vue d'œil, et devenu ainsi, en quelques instants, un adolescent, échappa à ses ennemis.

Certaines légendes catholiques racontent qu'Hérode massacra quatorze mille bébés à Bethléem. C'était un village de huit cents habitants! Ce fut là, un gros miracle que l'on ne retrouve pas dans le récit indou.

Après une jeunesse consacrée aux miracles et aux luttes contre les hommes et les démons, Christna se mit à prêcher ses doctrines, parcourant l'Inde, disant à tous qu'il était Vichnou, la seconde personne de la Trinité, manifestant sa divinité par des prodiges sans nombre, parlant familièrement au peuple et menant, en compagnie de quelques disciples qu'il s'était annexés, une vie pleine de péripéties.

Il fut tué, à coups de flèches, par un de ses

ennemis, nommé Angada, qui suspendit son corps à un arbre pour qu'il y devint la proie des vautours.

Mais quand ses disciples vinrent le chercher, il avait disparu; Christna ressuscité était monté au ciel.

Son culte lui a survécu, et, sur l'autel, le prêtre l'invoque et le prie de descendre bénir les galettes et le liquide que prêtres et fidèles absorbent ensuite pour se purifier.

Le lecteur a fait de lui-même les rapprochements entre le Jésus indou et le Jésus juif.

En dépit du Concile de Trente, on doit donc proclamer que le plagiat par le catholicisme des religions anciennes fut complet et absolu. Ce culte n'a pour ainsi dire rien à lui, à tel point que si Dupuis (*Loc. cit.*, p. 256) en fait purement et simplement une secte de la religion perse, M. Burnouf dans : *La Science des religions*, en fait un culte indou.

Les cultes indou et perse se ressemblent sur bien des points. (Voyez aussi Vinson : *Les religions actuelles*, XVIII.)

C'était de la part du fameux Concile, émettre, avec une rare audace, un solennel mensonge que d'attribuer à Jésus la paternité du baptême, de la confession, de la messe, de la communion, de la confirmation, etc., connues et pratiquées bien des siècles avant lui, notamment dans les cultes perse et indou.

CHAPITRE X

De la morale sans religion. — De la religion sans morale. — La prétendue morale de Jésus et la morale antique.

L'humanité s'est, à travers les siècles, constitué ce code de l'honnête homme qu'on appelle la morale. C'est l'ensemble des règles de conduite que doit suivre le sage.

La morale se réduit à quelques préceptes très simples. La nomenclature des vices à fuir et des vertus à pratiquer tient en quelques pages. C'est le plus court et le meilleur de tous les codes.

L'Eglise a résumé quelques-unes de ces règles, sous le nom de commandements de Dieu, en vingt vers drôlatiques dans lesquels le souci de la rime a quelque peu influencé le fond des idées.

Elle les a empruntés, comme elle le reconnaît du reste, à peu près textuellement, à la Bible qui, dans le Lévitique et le Deutéronome notamment, contient sur la morale et la législation des Juifs les plus intéressants détails. Les commandements de Dieu constituaient le décalogue des Juifs. (*Exode*, XX, 12, 18, *Deutéronome*, V, 16.) La morale des catholiques est donc juive. Ici, comme partout, le catholicisme n'a fait que copier.

La morale est un code commun au librepenseur et au clérical, au matérialiste et au spiritualiste, à l'athée et au déiste. Elle n'est l'apanage ni d'une secte ni d'un culte. Il y a mille religions, il n'y a qu'une seule morale.

L'instituteur enseigne la morale dégagée de toute croyance. Le congréganiste enseigne le dogme, c'est-à-dire l'absurde, avec comme accessoire la morale de l'instituteur.

On dit à tort que les religions sont respectables. Ce qui serait vénérable, dans les cultes, ce serait la morale qui ne leur appartient pas et qu'ils salissent de leurs dogmes. Le reste, c'est-à-dire les dieux imaginaires, les enfers inexistants, les paradis sans réalité, les anges et les diables fictifs, les dogmes insensés, les pratiques stupides, tout cela est parfaitement immoral. C'est l'exploitation et la mise en actions de la fiction et du mensonge.

Les religions n'ont pas qualité pour enseigner la morale. Ce n'est pas au fanatisme à vulgariser ce produit merveilleux de la raison.

Quels professeurs de moralité peuvent être, en effet, ces cultes assassins, qui firent périr dans les supplices ou les combats, des millions d'êtres humains, coupables uniquement de ne pas croire à leurs dogmes!

Quel professeur de justice que cette religion qui condamne aux flammes éternelles l'innocent enfant mort sans baptême!

Quels professeurs de bon sens que ces gens qui envoient *ex-æquo*, en enfer, celui qui a tué sa mère, et celui qui s'est offert une tranche de saucisson un vendredi!

Quels professeurs de respect que ces hommes, qui, avilissant Dieu, débitent, à ce comptoir qu'on appelle la sainte-table, de la viande divine sous forme d'hostie!

Quels professeurs de charité et de bienfaisance que ces congrégations devenues milliardaires en professant le désintéressement et le dévouement au prochain!

Quels professeurs de sciences que ceux qui enseignent que le premier homme est né il y a six mille ans, que les vierges font des enfants, que l'arc-en-ciel est un signe d'alliance entre Dieu et une tribu nomade, et que l'on peut loger en garni, dans le ventre, sans doute capitonné, d'une baleine amie de la société de l'homme!

Quels professeurs de vertu que ces gens qui déclarent qu'une bonne absolution lave de tous les crimes, et fait d'un criminel l'égal d'un honnête homme!

Quels professeurs de désintéressement que ces marchands de reliques, qui ont offert à l'adoration des fidèles 8 bras de saint Blaise, 9 de saint Vincent, 12 de saint Philippe, 17 de saint André, 18 de saint Jacques, 60 doigts de saint Jean-Baptiste, et 10 têtes du même, etc., etc.!

Quels professeurs de décence, que ces négociants qui offrent, au culte des chrétiens, du lait de la Vierge, de sainte Barbe et de sainte Catherine, 6 mamelles de sainte Agathe, le couteau qui a servi à la circoncision de Jésus, les parties sexuelles de saint Barthélemy et celles de sainte Gudule, le nombril et 7 prépuces de Jésus, et qui, à Reims, faisaient adorer, sur une pierre de la cathédrale, (pardon ami lecteur), l'empreinte des fesses de Jésus-Christ laissée là par lui, quand il en bâtissait le portail!

Au point de vue de la morale, Jésus n'inventa rien. Les philosophes avaient eu, bien avant lui, une plus haute, plus nette et plus complète conception de la vertu. Platon et Cicéron notamment, avaient fait des traités de morale, infiniment supérieurs aux quelques idées de justice, que l'on trouve çà et là disséminées dans les évangiles, et comme noyées dans le récit.

Platon avait dit plus de quatre cents ans avant lui : « Il ne faut jamais faire d'injustice ni rendre le mal pour le mal ». Un juif, Hillel, avait proclamé : « Ne fais pas à autrui, ce que tu ne voudrais pas qu'il te fît ». — Et c'est dans la Bible, plus de 1.500 ans avant Jésus, selon la chronologie de l'Eglise, que l'on trouve la maxime : « Tu aimeras ton prochain comme toi-même ». (Lévitique, XIX, 18.) Xénophon avait dit, d'autre part : « Il faut faire le bien pour le bien ».

Ces maximes couraient les rues du monde. Les idées de justice, de pitié pour les pauvres, de charité, de dévouement, d'abnégation sont vieilles comme l'univers.

Il existait bien des siècles avant lui, et même avant Bouddha, dans l'Inde, une morale aussi élevée et infiniment plus complète que la sienne. Pour elle, tuer, voler, injurier, mentir, médire, faire du mal aux bêtes, emprunter la femme de son voisin, être ignorant, passionné, avare, cruel, envieux, emporté, être matérialiste ou athée, voilà le mal.

Etre probe, tempérant, chaste, résigné, *rendre le bien pour le mal, faire le bien pour lui-même*, et non en vue d'une récompense future, être modeste, compatissant, fidèle à son conjoint, véridique, oublier les services que l'on a rendus; voilà le bien (Jacoillot.)

Bouddha, environ 700 ans avant Jésus, passa quarante-cinq années de sa vie à prêcher dans l'Inde la fraternité, la bienfaisance, l'amour du prochain. En présence de ce colosse de la charité, combien Jésus, qui n'évangélisa, pendant un peu plus de deux ans, que quelques villages, et qui n'arriva à convaincre qu'une douzaine d'ignorants disciples, paraît petit et mesquin ! — La principale maxime du bouddhisme est que tous les hommes, quelles que soient leurs religions et leurs croyances, sont frères. Le plus grand des crimes est l'absence de bienveillance pour le prochain. Le premier devoir est l'amour de son semblable et l'aumône poussée jusqu'au sacrifice de toute la fortune.

Bouddha supprima les distinctions des classes, réhabilita les pauvres et les malheureux, et fit de la femme, considérée précédemment comme une bête de somme, l'égale de l'homme.

Défense de tuer, de voler, de mentir, de prendre la femme de son voisin; ordre d'éviter l'ivresse, le jeu, la paresse, les lieux de plaisir; ordre aux enfants de se sacrifier pour leurs parents; au mari de respecter sa femme, de subvenir à ses besoins, de lui être fidèle; à la femme d'aimer son mari, de n'être qu'à lui, de prendre soin de la maison; ordre à l'élève de respecter le professeur; à celui-ci de protéger et d'instruire l'élève; aux amis de s'entr'aider avec dévouement; aux serviteurs de respecter leur maître et de ne rien négliger dans son intérêt; au maître d'être plein de bonté et de cordialité pour son serviteur : — tels sont quelques-uns des préceptes que cet infatigable organisateur, cet incomparable prédicateur qu'était Bouddha passa sa vie à propager dans l'Inde.

Cicéron, le grand avocat romain, publia, une cinquantaine d'années avant Jésus, sur la morale, le *Traité des devoirs*. C'est le résumé très succinct d'ouvrages publiés autrefois, sur le même sujet, par les philosophes grecs et le tableau fidèle de la morale païenne à cette époque contemporaine de Jésus.

Le lecteur reconnaîtra sans peine, dans ce célèbre ouvrage du grand orateur romain, notre morale actuelle que l'on attribue bien à tort à l'Eglise.

Cicéron prêche la probité, la justice, la bonne foi, le pardon des injures, l'aumône et la bienfaisance, la déférence pour le pauvre, la décence, le respect des parents.

Il proscrit l'orgueil, l'avarice, la paresse, la volupté, le mensonge, la médisance, la calomnie, la convoitise du bien d'autrui.

Au point de vue de la morale, Jésus n'est qu'un bien modeste stagiaire, à côté du grand bâtonnier qu'était l'éloquent Cicéron !

Voulez-vous, avec la morale sublime de ce dernier et de l'antiquité, créer une religion ? Voulez-vous toucher du doigt la différence qui sépare les cultes de la morale ? Ajoutez à cette dernière le Dieu grotesque, injuste et sanguinaire, créé par les auteurs de la Bible; ajoutez-y l'assassinat du fils de Dieu avec l'autorisation de son père pour le vol d'une pomme commis par une tierce personne; ajoutez-y un Dieu qui se gîte dans le sein d'une vierge, fécondée par un oiseau, et se déguise pendant trente ans en ouvrier charpentier ; ajoutez-y des anges sans réalité, empruntés aux anciennes religions, des milliards d'innocents enfants condamnés à une éternelle fournaise pour un insignifiant délit champêtre dont ils ne sont pas les auteurs; ajoutez-y un paradis, un enfer, un purgatoire inexistants, servilement copiés sur l'antiquité, des cérémonies, des dogmes, des rites, ramassés parmi les matériaux de démolition des vieux cultes, un baptême qui savonne l'âme en lavant la tête, une hostie qui purifie l'esprit en passant par l'estomac; un homme Dieu dont on déjeune à la manière des anthropophages; ajoutez-y tout cela et vous aurez le culte catholique, étrange mélange de la morale antique et de dogmes absurdes et indignes de l'humanité.

En résumé, c'est une véritable absurdité que de faire de Jésus l'inventeur de la morale. A peine les auteurs des Evangiles en ont-ils balbutié ou effleuré, au cours de leurs récits miraculeux, quelques préceptes. Ils les ont empruntés, notamment le discours sur la montagne, aux livres juifs qui les leur ont fournis presque textuellement. (Cohen, *Les Déicides*, XXVIII-LIX, 158-162; Salvador, *J.-C. et sa doctrine*, I, chap. 6; Larroque, *Examen critique de la religion chrétienne*, II, 440 et suiv.). (Dide, *La fin des religions*, 86-190; Strauss, *Nouvelle vie de Jésus*, I, 240; Volney, *Les Ruines*, XXIII.

La loi juive, que nous n'envisagerons que très rapidement et au point de vue purement humanitaire, était abondante en préceptes de fraternité.

Ecoutez le petit comme le grand, disait le Lévitique. (I.)

Ne manque pas d'ouvrir ta main à ton frère affligé et pauvre. Ne fais pas de tort à l'ouvrier; paie-lui son salaire le jour même de son travail, disait le Deutéronome (XXIV-XV.)

Ne te venge pas. Aime ton prochain comme toi-même. Quand il sera devenu pauvre et qu'il tendra vers toi ses mains tremblantes, soutiens-le et qu'il vive avec toi, proclamait le Lévitique (XXV-XIX.)

Ces préceptes n'étaient pas de pure théorie, et la loi juive (si cruelle sous d'autres rapports) en fit la loyale application, notamment dans les textes suivants :

Quand tu feras la moisson, tu ne récolteras pas le bout de ton champ, ce sera pour les pauvres. (Lévitique, XIX.)

Tu ne grapilleras pas tes vignes; tu ne ramasseras pas le blé tombé en moissonnant; tu secoueras tes oliviers, mais ne les récolteras pas branche par branche. Ce qui restera sera le profit d'autrui, de l'orphelin et de la veuve. (Deutéronome, XXIV.)

Chacun aura le droit de manger, dans la vigne du voisin, du raisin, jusqu'à en être rassasié, mais ne pourra en emporter.

Chacun pourra prendre du blé à la main dans le champ du prochain, mais ne pourra en couper avec la faucille. (Deutéronome, XXIII.)

Tu ne prêteras pas à intérêt à un Israélite. (Loc. cit.)

Tous les sept ans, les dettes des Israélites seront remises, « afin qu'il n'y ait chez vous aucun pauvre ». (Deutéronome, XV.)

Au bout de six années, et au moment du jubilé de cinquante ans, le Juif qui aura été obligé de se vendre à un autre Juif redeviendra libre. Son maître devra, en le quittant, se montrer généreux vis-à-vis de lui. (Deutéronome, XV; Lévitique, XXV.)

Il ne devra pas lui être un maître rigoureux.

L'Israélite qui aura été obligé de se vendre aura toujours le droit de se racheter. Ses parents auront la même faculté. (Loc. cit.)

Le pauvre ou son parent aura le pouvoir de racheter l'immeuble qu'il aura été obligé de vendre. (*Idem.*)

Tous les cinquante ans, le vendeur reprendra possession de la chose vendue; il est à considérer comme n'en ayant aliéné que la jouissance. (*Idem.*) Etc.....

Nous croyons avoir surabondamment démontré que la morale, la bienfaisance, la charité et la fraternité sont aussi anciennes que le monde. C'est fausser absolument la vérité, que d'en attribuer la paternité à Jésus. C'est là une vieille erreur propagée, dans un but de réclame, par le christianisme, et contre laquelle il était utile de protester, au nom de la vérité, une fois de plus. A chacun le sien.

CHAPITRE XI

Les Frères et Sœurs de Jésus

Les quatre évangiles acceptés par l'Eglise sont unanimes sur ce point ; ils attribuent tous des frères et sœurs à Jésus.

Passons-les en revue. L'un d'eux est attribué à Jean, qui est considéré comme un ami de la famille de Jésus.

Or, voici ce que cet intime nous dit : « Après « cela, Jésus descendit à Capharnaüm, avec sa « mère, *ses frères* et ses disciples. »

Un peu plus loin, Jean nous dit encore : « Après ces choses, Jésus se tenait en Galilée, car il ne voulait pas rester dans la Judée, parce que les Juifs cherchaient à le faire mourir.

« Or, la fête des Juifs, appelée fête des Tabernacles, approchait.

« Et *ses frères* lui dirent : Pars d'ici, et va-t'en en Judée, afin que tes disciples voient les œuvres que tu fais... Car *ses frères* même ne croyaient pas en lui.

« Jésus leur dit : Mon temps n'est pas encore venu. Montez à cette fête. Pour moi, je n'y monte pas encore. Mais lorsque *ses frères* furent partis, il monta aussi à la fête, non pas publiquement, mais comme en cachette. » (Jean VII, — § 1 à 11.)

Comme on le sait, jamais la famille de Jésus, dont les libres-penseurs ne font que partager le sentiment, ne crut à sa divinité. Elle le raillait, avec amertume, de ses prétentions. C'est une scène de ce genre que rapporte Jean.

Jésus paraît, au reste, avoir vécu en fort mauvaise intelligence avec sa mère et ses frères.

« Alors, nous dit Luc (chap. 8, versets 19 à 22), sa mère et *ses frères* vinrent le trouver, mais ils ne pouvaient l'aborder à cause de la foule.

« Et on vint lui dire : Ta mère et *tes frères* sont là qui désirent te voir.

« Mais il répondit : Ma mère et *mes frères* sont ceux qui écoutent la parole de Dieu et qui la mettent en pratique. »

Marc, chap. 3, versets 31 à 35, nous raconte le même incident ou un incident analogue dans les termes suivants :

« *Ses frères* et sa mère arrivèrent donc et, se tenant dehors, ils l'envoyèrent appeler.

« Et on lui dit : Voilà, ta mère et *tes frères* sont là dehors qui te demandent.

« Mais il répondit : Qui est ma mère, ou qui sont *mes frères?*

« Et, jetant les yeux sur ceux qui étaient autour de lui, il dit : Voici ma mère et *mes frères*. Car quiconque fera la volonté de Dieu, celui-là est *mon frère* et *ma sœur*, et ma mère. »

Mathieu, chap. XII, versets 46 à 50, raconte le même épisode dans des termes presque identiques.

On s'explique, au reste, la mauvaise humeur de Jésus, car sa mère et ses frères, le considérant comme ayant perdu l'esprit, venait s'emparer de lui pour l'enfermer. (Marc, chap. III, verset 21.)

Au chapitre 13, § 54 à 58, Mathieu entre

dans quelques détails au sujet de l'appréciation des habitants de Nazareth sur Jésus, leur concitoyen.

« Ils disaient : D'où viennent, à cet homme, cette sagesse et ces miracles ? N'est-ce pas le fils du charpentier ? Sa mère ne s'appelle-t-elle pas Marie et *ses frères Jacques, Joseph, Simon* et *Jude?*

« Et *ses sœurs* ne sont-elles pas toujours parmi nous? »

Marc, chap. VI, § 3, fait tenir aux concitoyens de Jésus le même langage. — S'étonnant de ses discours, ils disaient :

« N'est-ce pas le charpentier, le fils de Marie, le *frère* de *Jacques*, de *Jude*, de *Joseph* et de *Simon. Ses sœurs* ne sont-elles pas parmi nous. Et il se scandalisaient à ce sujet. »

Certains frères de Jésus lui survécurent, car l'apôtre Paul, dan son épître aux Galates, chap. I, § 18 et 19, nous dit :

« Ce ne fut qu'au bout de trois ans que je retournai à Jérusalem pour y voir Pierre, et je demeurai chez lui quinze jours. Et je ne vis aucun des autres apôtres, sinon *Jacques, frère du Seigneur.* »

Les actes des apôtres, postérieurs à la mort de Jésus, nous disent (chap. I, § 14) :

« Tous ceux-là persévéraient, d'un commun accord, dans la prière et dans l'oraison, avec les femmes et Marie, mère de Jésus, et *avec ses frères.* »

En résumé, les quatre évangiles et tous les documents de l'époque de Jésus lui donnent, dans les termes les plus formels et les moins équivoques, des frères et des sœurs en grand nombre.

Si, dans ces circonstances, Marie est restée vierge, on se demande, avec terreur, ce qu'il fallait bien faire, en Judée, pour ne plus l'être.

Jacques, tout en proclamant Jésus le Messie, était resté Juif comme Pierre et les autres. Il fut le premier évêque de Jérusalem. L'évêque, comme l'étymologie l'indique, n'était alors qu'un simple surveillant élu par les fidèles.

La croyance de Jacques en la mission divine de Jésus déplut aux juifs restés fidèles à l'ancienne religion. Ils le précipitèrent du haut du temple et l'achevèrent à coups de bâton. Marie avait une sœur. Cette tante de Jésus, mariée à Cléophas, eut un fils appelé Simon, qui fut le second évêque de Jérusalem. Il fut, à l'âge de 120 ans, mis à la torture, puis crucifié.

On ne sait ce que devinrent les autres membres de la famille de Jésus. Toutefois, à la fin du premier siècle, existaient encore deux petits-fils de Jude, un autre frère de Jésus. Ils étaient cultivateurs.

Dénoncés comme chrétiens, l'empereur Domitianus les interrogea. Mais, quand ils lui parlèrent de leur espérance dans le royaume du ciel, il se mit à rire, et, les considérant comme des gens simples et naïfs, les relâcha sans leur rien faire.

CHAPITRE XII

De l'âge des Dogmes. — Histoire de la création de la religion catholique

Jésus était juif, il avait toujours, ainsi que sa mère et toute sa famille, observé la religion juive et accompli ses prescriptions.

Jésus mort, on se trouva en présence de deux sectes religieuses nées de sa mémoire. L'une, fondée par les apôtres, notamment par Pierre, à Jérusalem, conservait la foi, les préceptes et les cérémonies juives, y compris cette opération d'initiation au culte juif que l'on appelait circoncision. La seule chose qui la différenciait de la religion israélite, c'était la croyance à ce Messie chargé de remettre les péchés que l'on appelait Jésus. C'était une branche du culte juif, une secte se rattachant étroitement à ce culte; ce n'était pas une religion nouvelle. Elle était peu nombreuse; les juifs, fidèles à leurs anciens usages, se sont toujours montrés rebelles aux changements. Elle n'admettait que des juifs dans son sein et se refusait à enseigner aux païens les préceptes de Jésus. (Renan, *Les Apôtres*, 201-224, etc.)

L'autre, fut fondée par Paul, nommé aussi Saül ou Saul (Renan, *Les Apôtres*, 163), qui n'avait pas connu Jésus, mais qui, pour se donner une autorité qui lui manquait, disait hardiment qu'il lui était apparu et qu'il l'avait sacré apôtre. Paul, qui opérait en dehors de la Judée, s'adressa aux païens et entreprit, contrairement à la manière de voir de Pierre, de leur prêcher uniquement la venue de Jésus. Il ne pouvait se présenter à ces populations avec les ciseaux de la circoncision à la main. Il n'avait, d'autre part, aucun espoir de faire accepter par les païens les pratiques et les cérémonies de la loi juive.

Sans consulter personne, il jeta tout cela par dessus bord, et parcourut d'abord l'Arabie, l'Asie-Mineure, la Grèce, en prêchant simplement la rédemption des péchés par l'homme-Dieu Jésus, la charité, la morale et une vague fraternité en Jésus-Christ.

Les apôtres indignés rappelèrent Paul à l'ordre. Il vint à Jérusalem où il leur développa sa manière de voir. Enfin on arriva, après de vives discussions, à une transaction, tout au moins sur la question de la circoncision, que l'on convient de ne plus considérer comme obligatoire. Cette réunion fut ce qu'on appela le Concile de Jérusalem. (An 50.) (Actes des apôtres-passim.)

La religion catholique n'est donc ni la religion pratiquée par Jésus qui était le culte juif, ni celle de ses apôtres. C'est une religion créée en l'an 325, par le Concile de Nicée, qui, après des discussions séculaires, rédigea les articles de foi du nouveau culte.

Paul, en vulgarisant, en vue de la catastrophe prochaine, le nom de Jésus, fournit à d'autres les éléments du christianisme mensonger et compliqué, qui existe aujourd'hui.

Ces dogmes et les rites qui les accompagnent ont été empruntés principalement, dans des circonstances sur lesquelles, sans doute, la lumière ne se fera jamais, notamment à la religion de l'Inde, de sorte que M. Burnouf, dans la *Science des Religions*, a pu dire : « On ne peut « raisonnablement douter que le christianisme « ne soit la religion Aryenne, elle-même, venue « d'Asie au temps d'Auguste et de Tibère, quelle « que soit d'ailleurs la manière dont elle a été « introduite, promulguée et vulgarisée. »

Le procédé de propagande des apôtres fut des plus simples. Ils allaient de province en province, cherchant à créer dans chaque ville une société de quelques chrétiens qui se réunissaient entre eux et à leur tour faisaient des prosélytes.

Dans certaines villes, à Rome, par exemple, la religion se confondait avec le pouvoir politique et l'empereur devenu grand Pontife était chef de l'Etat et du culte. Là on prenait des précautions et les sociétés de chrétiens étaient de véritables sociétés secrètes, se cachant où elles pouvaient. Attaquer la religion païenne, c'était donc conspirer contre l'Etat. De là, les persécutions.

Si le christianisme se fût contenté de réclamer sa place au soleil et de vouloir co-exister avec les religions païennes, il eût vécu fort tranquille, car les Romains respectaient avec une indifférence absolue, les mille dieux des nations qu'ils avaient subjuguées. Ils laissèrent les apôtres prêcher d'abord librement le nouveau culte et n'intervinrent que quand, avec l'intolérance qui l'a toujours caractérisé, le christianisme attaqua, le premier, les anciennes religions et prêcha le renversement de leurs dieux.

Ce qui sauva la mémoire de Jésus, ce fut Marie de Magdala, une folle et jolie hystérique, et une démoniaque du corps de laquelle il avait, selon l'Evangile, expulsé 7 démons, ce qui est beaucoup de démons même pour une dame galante. Ce fut elle qui, fidèle à son tendre souvenir, se rendit à son tombeau et proclama la première qu'il était ressuscité comme il l'avait dit.

Cette résurrection était la preuve de sa divinité et l'éclatante démonstration de sa mission sur la terre. Il avait promis de ressusciter, puis de venir bientôt, dans la splendeur des cieux, juger l'univers épouvanté. Par la résurrection, il avait accompli la première partie de son programme. Il n'y avait plus de raison de douter de l'accomplissement de la seconde.

On se prépara donc dans le recueillement et la prière à la destruction de l'univers et au jugement dernier.

Paul se mit à prêcher le repentir et les bonnes œuvres. Il vulgarisait simplement, au nom de Jésus, les préceptes de morale de Platon, de Cicéron ou des juifs. C'était la vieille morale de l'humanité qu'un illuminé (assassin des chrétiens la veille), faisait descendre du ciel et révélait, comme chose nouvelle, à des croyants ignorants, qu'il entraînait et subjugait en les appelant par avance « les bourgeois du ciel ». (Philippiens, III — 20.)

Nous sommes, disait-il, en commençant ses travaux apostoliques, et en parlant de lui-même et des apôtres, comme les balayures du monde et comme le rebut de toute la terre. (Paul aux Corinthiens, IV, 13.)

Il prit largement sa revanche, mais au prix de quels travaux et de quels déboires ! J'ai, dit-il, reçu des juifs, cinq fois 40 coups de fouet, moins un. (On ne pouvait d'après la loi en donner plus de 40 — Deutéronome, XXI.) J'ai été battu de verges trois fois, j'ai été lapidé une fois, j'ai fait naufrage trois fois. J'ai été souvent en voyage; j'ai été en danger sur les rivières, en danger de la part des voleurs, en danger parmi ceux de ma nation, en danger parmi les gentils, en danger dans les villes, en danger dans les déserts, en danger sur la mer, en danger parmi les faux frères. J'ai été dans les peines, dans les travaux, dans les veilles, dans la faim, dans la soif, dans les jeûnes, dans le froid, dans la nudité. A Damas, on voulut me saisir, mais on me descendit de la muraille, par une fenêtre, dans une corbeille, et je m'échappai ainsi. J'ai subi plus de blessures, plus de prison que quiconque, etc. (Corinthiens, II-XI et XII.)

Paul faisait récolter parmi les chrétiens, le premier jour de la semaine, de nombreuses aumônes. (I, Corinthiens, XVI.) Pierre l'imitait, et rançonnait les riches affolés par la menace de la fin du monde. En bon caissier, il répandit le bruit qu'il avait frappé de mort Ananias et sa femme, qui ne lui avaient versé qu'une partie de leur fortune (Actes des Apôtres, V.)

La distribution de vivres et d'argent, à la lie de la population, fut une des principales causes du succès du christianisme.

On peut se demander si les apôtres prêchaient, de bonne foi, la proximité de la fin du monde ; ou si, en financiers dénués de tout scrupule, ils n'avaient vu là qu'un moyen d'extorquer de l'argent aux riches.

En tout cas, le procédé était bon; car le philosophe Celse nous apprend que cent cinquante ans après Jésus, il était encore employé avec succès par les prêtres chrétiens.

Les réunions chrétiennes étaient présidées par le plus vieux de l'assemblée, appelé prêtre :

d'un mot grec qui veut dire l'ancien. Elles étaient servies par des domestiques volontaires appelés : diacres, et surveillées par de modestes fidèles appelés : évêques, de deux mots grecs signifiant respectivement : serviteur et surveillant.

Voilà l'humble origine de la hiérarchie actuelle.

Ni Jésus qui prédisait la suppression du monde fin courant, ni Paul qui passa sa vie à propager cette désolante prophétie, n'avaient eu l'intention de créer une religion.

Mais l'importance des prêtres et des évêques, devenus des chefs religieux, s'accrut avec le nombre des chrétiens. Les évêques se réunirent, et leurs conciles devinrent les arbitres des doctrines qui se faisaient jour.

Ils furent ainsi amenés à créer et à imposer aux fidèles un corps de rites et de doctrine.

Ce sont eux qui créèrent le christianisme, avec lequel ils procurèrent au sacerdoce honneurs, influence et argent.

Né vers l'an 10, ayant commencé ses prédications en l'an 38, Paul mourut vers l'an 70, après un apostolat d'environ 30 ans.

Sur sa mort et sur celle de Pierre, il n'y a que des hypothèses, et il est impossible de savoir si réellement ces deux apôtres périrent dans les supplices ou s'ils moururent de leur belle mort. (Larousse, V. Paul.)

Au bout de 325 ans, et au prix d'efforts inouïs, le Christianisme fut définitivement fondé.

Comme preuve de l'origine divine de sa religion, le prêtre chrétien invoque la rapidité miraculeuse avec laquelle elle se répandit. C'est là une erreur.

Sans parler de la Gaule, où le christianisme

ne pénétra qu'au quatrième siècle, de la Suède qu'il ne conquit qu'au neuvième, de la Russie qu'il n'envahit qu'au bout de mille ans, de l'Amérique où il ne pénétra qu'après Christophe Colomb, il n'arriva à détruire le paganisme, à Rome même, qu'au cours du cinquième siècle.

En l'an 380, il y avait encore, à Rome, autant de païens que de chrétiens. Le paganisme était encore la religion de l'Etat et subventionné par lui.

En 382, l'empereur chrétien Gratien supprima le budget des cultes païens, et confisqua les immeubles appartenant aux prêtres en cette qualité, mais les temples restèrent ouverts.

En 391, Valentinien II, en Occident, en 392, Théodore, en Orient, les fermèrent et proscrivirent le paganisme.

En 416, Théodore II interdit aux païens les charges publiques.

Cinquante ans plus tard, il existait encore des païens isolés; mais le paganisme, à Rome, était enfin mort. On substitua aux dieux, sans réalité (Jupiter, Junon, Vénus, etc.), que Rome avait adorés, pendant mille ans, les dieux tout aussi inexistants du christianisme !!!

Il avait eu à lutter contre les divisions des Chrétiens entre eux, et à faire un choix parmi les opinions successives qui se firent jour.

L'Eglise catholique a mis de longs siècles à se former. A l'époque du Concile de Nicée (an 325) qui formula les principaux de ses dogmes, on put la considérer comme fondée, mais elle ne fut véritablement complète qu'au Concile de Trente (an 1545). Des discussions furieuses existèrent, de tout temps, entre ses partisans divisés, dès le début, en sectes nombreuses. Les réunions d'évêques, que l'on appelle les conciles, durent statuer continuellement, adoptant au hasard et à tâtons, certaines idées qui, ayant obtenu la majorité des voix, devinrent des dogmes et en repoussant d'autres qui devinrent des hérésies.

Saint Epiphane, mort en 403, fit paraître un ouvrage indiquant notamment 80 hérésies !!! C'était le chaos !!!

Ce n'étaient pas de pacifiques assemblées que les conciles. La folie religieuse s'y donnait libre carrière. On se battit au Concile d'Ephèse (449), et le patriarche de Jérusalem, Flavien, y fut mortellement blessé. Deux évêques de Grèce se prirent aux cheveux au Concile de Trente et s'administrèrent une sérieuse correction.

Le désarroi fut parfois tel et les majorités si changeantes, d'un concile à l'autre que l'on vit, plus d'une fois, un dogme décrété par une assemblée, proclamé hérésie par une autre et réciproquement.

Dans les premiers temps chacun disait son mot et donnait son avis. On comptait les sectes par douzaines. Pour ne citer que quelques-unes de ces sectes, mentionnons celles des Ariens, des Sabelliens, des Nestoriens, des Monophysites, des Eutychiens, des Jacobites, des Mariamites, des Collyridiens, des Nazaréens, des Ebionites, des Corinthiens, des Maronites, des Marcionites, des Docètes, des Carpocratiens, des Basilidiens, des Valentiniens, des Manichéens, des Cérinthiens, des Eucratistes, des Modalistes, des Montanistes, des Anthropomorphites, des Monothélites, des Iconoclastes, des Aquariens, etc., etc... La divinité de Jésus fut discutée avec ardeur pendant de siècles.

La secte des Ebionites déclarait encore, plus de six cents ans après Jésus, qu'il était simplement un homme juste, fils de Joseph et de Marie.

Au premier siècle, les Cérinthiens enseignaient que Jésus, fils de Joseph, avait vu le Christ, c'est-à-dire une émanation de Dieu, se joindre à lui le jour du baptême de Jean, mais que cette émanation l'avait quitté le jour de la passion.

Ils niaient donc sa divinité et ce serait pour les réfuter que Jean aurait écrit son évangile.

D'un autre côté, les Manichéens, au IIIe siècle, prétendaient que Jésus n'était autre que le soleil.

La secte des Nazaréens était d'avis qu'il n'était qu'un homme, tandis que les Nestoriens, conciliants, prétendaient qu'il y avait en lui deux personnes : l'une divine et l'autre humaine.

Saint Justin, dans son dialogue avec Tryphon, lutta, à la fin du second siècle, contre ceux qui niaient non seulement que Jésus fut Dieu, mais même qu'il eut existé.

Jésus avait-il existé ? Si oui, était-il Dieu ? S'il l'était, y avait-il en lui deux personnes, l'une divine, l'autre humaine ? S'il ne possédait qu'une personne, avait-il tout au moins deux natures, l'une divine, l'autre humaine ? Dans l'hypothèse de deux natures, avait-il deux volontés ? Etait-il aussi vieux que son père ? Avait-il été créé par lui ? Lui était-il égal ou inférieur ? Ce père était-il Jéhovah, le Dieu des Juifs, ou tout autre dieu ? Marie était-elle mère de la divinité de Jésus ou seulement de sa forme humaine ? Voilà un échantillon de quelques-uns des points que l'on discutait entre chrétiens.

Larousse énumère plus de six cents conciles relatifs soit aux dogmes, soit à des questions d'ordre privé. Ce n'est au reste qu'une énumeration partielle.

Nous n'en citerons que quelques-uns. Cela permettra au lecteur de suivre, à travers les âges, la lente création et les perpétuelles transformations du catholicisme. Il assistera ainsi à ce qu'on peut appeler la fabrication d'une religion.

En l'an 50, le Concile de Jérusalem, statuant sur une question très controversée entre les apôtres, dispense les chrétiens de la circoncision.

Le Concile de Rome (an 196) fixe la date de la célébration de la fête de Pâques.

Le Concile de Philadelphie (an 242) proscrit l'erreur des chrétiens qui prétendaient que Jésus n'était qu'un homme.

Le Concile de Milan (an 347) statue, cent cinq ans plus tard, sur le même sujet resté controversé. Les conciles, en faisant de Jésus un Dieu, créaient l'élément essentiel à toute religion. Pour établir un culte, il faut inventer d'abord une divinité.

Le Concile d'Antioche (391) combat ceux qui prétendaient les sacrements inutiles.

Le Concile de Capoue (même année) décrète la virginité de Marie.

Le Concile de Carthage (an 253) décida que l'on administrerait le baptême aux enfants.

Celui de Rome (an 386) organisa le célibat des prêtres.

Le Concile de Nicée (an 325) établit définitivement l'Eglise en résumant, sous forme de « Credo », les principaux articles de foi.

Il condamna la doctrine des Ariens qui, au bout de plus de trois siècles, continuaient comme tant d'autres, à nier la divinité de Jésus Ce fut l'empereur Constantin, qui, fatigué de discussions chrétiennes, força les évêques à se réunir, présida les séances et obligea le Concile à aboutir. Dix-huit évêques y nièrent la divinité de Jésus et votèrent contre.

Le carême, inconnu des premiers chrétiens, ne fut prescrit qu'à partir du milieu du troisième siècle. C'est le Concile de Nicée qui en parle le premier.

Le Concile de Tolède (an 400) combattit l'erreur de ceux qui prétendaient que le Dieu des juifs (Jéhovah) et celui des chrétiens étaient des dieux différents.

Le Concile de Milève (an 416) consacra le péché originel inventé par saint Augustin.

Le Concile de Tours (an 566) défendit aux chrétiens de continuer à fêter, à la date du 1er janvier, Janus, un des dieux romains.

Le Concile de Mâcon (an 585) déclara gravement que la femme appartenait au genre humain. Il y avait longtemps que les amoureux avaient résolu cette question par l'affirmative.

La raison de douter venait de ce que, selon la Bible, Dieu fit l'homme seul à son image et à sa ressemblance. La femme ne ressemblant ni à l'homme ni à Dieu, devait-elle être exclue du genre humain ?

Un concile composé d'évêques justes et aimables eut rangé la femme dans une classe bien supérieure à cet animal laid et barbu qu'on appelle l'homme.

Le nôtre crût bien faire les choses en l'assimilant à l'homme et en lui accordant, en conséquence, une âme. Etant donnée la grâce et la beauté de la femme, elle avait bien droit à la paire !

Les juifs n'admettaient ni les images ni les statues. A cet égard la Bible contient de formelles et nombreuses prescriptions. (Exode 20.

— Deutéronome V. — Lévétique XIX et XXVI.)

L'Eglise devait-elle suivre leurs traditions à cet égard ?

Le Concile d'Espagne (an 305) proscrivit images et statues. Le second Concile de Nicée (an 787) les rétablit, mais un concile tenu à Francfort, en 794, les proscrivit à nouveau. Enfin, un concile de 842 les rétablit définitivement.

C'est là un bel exemple de dogme intermittent.

Le Concile de Constantinople (an 692) décida que, désormais, le corps de Jésus serait substitué sur la croix à l'agneau que l'on y avait fait figurer jusque-là.

Le Concile de Florence (an 1439) proclama que les âmes des justes ne seraient pas obligées d'attendre la résurrection des corps pour entrer au paradis.

Les Conciles de Constance (1414), et de Bâle (1431), supprimèrent le vin dans la communion des fidèles.

Le Concile de Jérusalem (an 754) décida que Jésus n'était pas réellement présent dans l'hostie, mais le Concile de Rome (an 1050) décida le contraire.

Un autre concile, tenu à Rome en 1215, proclama définitivement le dogme de la présence réelle.

La Fête-Dieu destinée à célébrer cette presence fut établie par le pape Urbain IV, en 1264. Mais cette question fut encore abordée par le Concile de Trente (1545-1563).

Ce dernier concile décida aussi qu'il y avait un purgatoire et que l'on pouvait soulager les âmes par les messes et les prières.

A ce moment, on peut considérer l'Eglise comme à peu près complète en dogmes et en rites. Il avait fallu près de seize cents ans pour édifier la religion que Jésus était censé avoir apportée toute faite sur la terre.

Bornons là notre énumération. Franchissons les siècles et citons, pour en finir, deux dogmes contemporains : celui de l'immaculée conception qui est de 1854 et celui de l'infaillibilité du pape, qui date du 18 juillet 1870.

Ce dernier consacre la supériorité du pape sur les conciles. Le Concile de Constance, en 1414, avait, au contraire, consacré la suprématie des conciles sur le pape.

En résumé, la religion catholique se compose d'un ensemble de doctrines et de pratiques empruntées pour la presque totalité à d'autres cultes, discutées puis instituées, péniblement, à travers les siècles et soudées, tant bien que mal, les unes aux autres.

Aussi, Pigault-Lebrun a-t-il pu proclamer avec sa verve habituelle : Dussent tous les abbés nés et à naître se fâcher, il est constant que leur édifice religieux est un habit d'Arlequin, un assemblage de pièces, dont les nuances disparates choquent l'œil comme l'ensemble blesse la raison. (Le Citateur, XI.)

CHAPITRE XIII

Les fêtes catholiques. — Noël. — Pâques. — La Pentecôte. — Les Rogations. — La Chandeleur. — Les Rois. — La Toussaint. — Concordance de leurs dates avec d'anciennes fêtes païennes.

Les fondateurs de la religion catholique ont ménagé, avec soin, la transition entre les coutumes religieuses existant avant le christianisme et les prescriptions de la loi nouvelle.

Dans ce but, ils ont donné aux événements importants de leur religion les dates des fêtes du paganisme. Cela leur a permis de célébrer ces événements à la même époque et de substituer ainsi peu à peu leurs fêtes à celles des anciennes religions.

C'est ce qui s'est produit notamment pour Noël, Pâques, la Pentecôte, les Rogations, la Chandeleur, les Rois, la Toussaint.

I

NOEL

Le catholique convaincu qui assiste, le 25 décembre, à la messe de Noël, est persuadé que l'Eglise célèbre, à cette date, l'anniversaire exact de la naissance de Jésus.

Il ne se doute pas que personne ne connaît ni

le jour, ni le mois, ni l'année de cette naissance qui est restée très problématique.

Pendant environ cinq siècles, elle fut fixée au 6 janvier et fêtée à cette date.

Les Eglises grecques célèbrent cette fête, les unes le 6 janvier, les autres le 20 avril ou le 20 mai.

En fixant arbitrairement la naissance de Jésus au 25 décembre, l'Eglise a voulu s'assimiler les usages des Romains qui célébraient, à la fin de décembre, la fête de leur dieu Saturne et qui avaient consacré le 25 décembre au dieu Soleil.

Les Saturnales constituaient la fête de la folle et licencieuse gaîté. Le joyeux réveillon contemporain, le champagne, les huîtres, le pâté de foie gras du riche, la charcuterie du pauvre, les joyeuses parties, les amoureuses entrevues, sont, pendant la nuit de Noël, un reste des Saturnales. C'est l'éternelle fête de la jeunesse et de l'amour.

A partir du 25 décembre, les jours grandissent, amenant le réveil de la végétation. Cet heureux événement était joyeusement célébré par presque toutes les religions anciennes.

On ornait les maisons d'arbres verts pour symboliser la verdure que le printemps ramène, et l'on allumait des feux pour célébrer la renaissance du soleil et de ses rayons.

L'arbre et la bûche de Noël n'ont pas d'autre origine.

D'autre part, comme le fait remarquer Dupuis (*Origine de tous les cultes*, V, 589), Mithra, le soleil, le Dieu de la religion perse à laquelle le christianisme a fait tant d'emprunts, était né le 25 décembre et on célébrait en grande pompe sa naissance à cette date. Ici encore le culte persan fut copié.

En faisant naître son Dieu le 25 décembre, l'Eglise ménagea donc, avec une grande habileté, la transition entre les anciennes religions et le culte nouveau.

Elle eût dû s'en tenir là et ne pas faire concorder systématiquement avec les fêtes païennes tous les faits importants qui servent de base à ses dogmes.

Elle a fourni là contre eux un argument invincible.

II

PAQUES

La Bible nous apprend que les Juifs furent, pendant 430 ans, esclaves des Egyptiens. (Exode, XII.) Pour décider le roi de ceux-ci à les laisser partir, le père Eternel envoya aux Egyptiens des fléaux aussi désagréables que variés. Le roi, obstiné comme une mule, résista. Il fit bonne contenance contre les grenouilles et les sauterelles, lutta contre les poux et, quand Jéhovah supprima pendant trois jours la lumière du soleil, se contenta, l'impie, d'allumer en riant un flambeau.

L'Eternel décida alors de frapper un grand coup. Il fit venir Moïse et lui dit : Je vais tuer le premier né des familles égyptiennes et le premier né de leurs bestiaux. Pour que je ne me trompe pas (ce Dieu n'était, paraît-il, pas aussi infaillible que le pape), tuez dans chaque maison un chevreau ou un agneau et teignez de son sang les deux poteaux et le linteau de vos portes. (Exode, XII.)

Cette fois, les Egyptiens frappés dans leur plus tendre affection laissèrent partir les Juifs.

Ceux-ci célébrèrent chaque année sous le nom de Pâques l'anniversaire de ce jour mémorable.

La fête de Pâques durait sept jours pendant lesquels on mangeait du pain sans levain. C'était la semaine sainte des Juifs. Le premier jour ils mangeaient debout, en costume de voyageurs, un agneau rôti et des laitues sauvages. Le premier et le dernier jour étaient les plus solennels.

Toutes ces cérémonies symbolisaient la précipitation avec laquelle ils avaient quitté subitement l'Egypte et le pain de misère qu'ils y avaient mangé.

Pâques vient d'un mot hébreu qui veut dire « *passage* », par allusion au passage de l'ange exterminateur qui tua les premiers nés des Egyptiens. L'agneau pascal était donc l'agneau du passage, l'agneau commémoratif.

Les chrétiens trouvant cette grande fête établie voulurent la conserver, et, en conséquence, leur dieu ressuscita comme par hasard pendant la semaine de la fête du passage. Cela permit de la garder comme fête catholique et de substituer la semaine sainte chrétienne à celle des Juifs.

Et alors il se forma un mélange réellement curieux des deux religions. L'agneau juif, qui jusque-là avait été un animal sans prétention, monta en grade, et devint un Dieu. Jésus s'humilia et devint, sans rime ni raison, l'agneau du passage ou agneau pascal. Le fils de l'Eternel fut transformé en quadrupède.

L'agneau figura dès lors en belle place dans les ornements du culte. On le plaça couché au milieu de la Croix et il y resta jusqu'au Concile de Constantinople (an 692) qui lui substitua le corps de Jésus.

Quoi qu'il en soit, le but poursuivi fut atteint; la fête juive du passage et la semaine sainte furent conservées, le mélange des deux religions opéré, l'agneau et Jésus furent dûment fusionnés et confondus. Quand la Pâque chrétienne fut bien acclimatée, on lui donna une date différente de la Pâque juive.

III

LA PENTECOTE

Cinquante jours après leur sortie d'Egypte, qu'ils célèbrent annuellement sous le nom de Pâques, les Juifs reçurent de l'Eternel, par l'entremise de Moïse, en guise de céleste cadeau, leurs lois appelées le Décalogue.

Ils célébrèrent depuis, et ils célèbrent encore, chaque année, cet heureux jour par une fête appelée d'abord fête des sept semaines, puis nommée plus tard la Pentecôte; d'un mot grec qui veut dire cinquante.

Les fondateurs de la religion chrétienne trouvèrent cette fête encore en vigueur et il arriva (admirez encore ici le doigt de la Providence et la main des prêtres), que justement le Saint-Esprit, respectueux des vieilles fêtes, apparut aux apôtres exactement cinquante jours après Pâques. Cela permit de juxtaposer une Pentecôte chrétienne à la Pentecôte juive, dans le but d'absorber cette dernière.

IV

LES ROGATIONS

Les Romains avaient douze prêtres spéciaux nommés Arvales. Ils étaient préposés aux fruits de la terre et chargés de faire grandir le blé et mûrir le raisin. A cet effet, pendant trois jours, chaque année, ils processionnaient solennellement dans les campagnes pour appeler la protection des dieux sur les récoltes.

Ces processions rurales s'appelaient « les Rogations », du mot latin « *rogare* » qui veut dire prier.

L'Église ici encore a copié servilement les religions anciennes. La fête catholique des Rogations a le même nom, la même date, le même but et les mêmes cérémonies que celle des Romains.

V

CHANDELEUR

C'est une fête célébrée le 2 février, en l'honneur de la purification de la Vierge. Son nom a pour origine le mot chandelle, parce que les fidèles portent des cierges à la procession, qui est un des accessoires de cette fête.

Elle fut instituée par le catholicisme pour remplacer les Lupercales et les fêtes de Proserpine, des Romains, qui se célébraient à la même date et à l'occasion desquelles les païens portaient à la procession des torches allumées.

VI

LES ROIS (Epiphanie)

Les saturnales des Romains commençaient vers le vingt-cinq décembre et finissaient le 6 janvier.

On passait joyeusement son temps à manger et à s'enivrer. On redoublait d'excentricité et d'appétit le dernier jour. A table, le **roi du** festin, celui qui devait présider le repas, **était** désigné par le sort.

L'Eglise fit de cette fête celle des rois mages, qui se célèbre à la même époque. Encore aujourd'hui, c'est comme Noël, une fête aussi païenne que catholique. On la célèbre le ventre à table et le verre à la main. Les impies comme les gens bien pensants ont l'habitude de s'en rapporter au sort du choix d'un roi débonnaire et altéré. Cette royauté qui demande à être arrosée de pantagruéliques rasades, est un hommage rendu au vieux culte romain. C'est une fête pratiquée par ceux (et ils sont légion) qui aiment la gaîté, la bonne pâtisserie et les tant vieilles bouteilles de derrière les fagots.

VII

LA TOUSSAINT

Les Romains avaient de nombreux dieux auxquels ils avaient ajouté des déesses et des hommes divinisés ou demi-dieux.

Il était impossible, vu leur nombre, de les honorer chacun en particulier. On décida de leur élever un temple voué au culte de tous les dieux et que pour cette raison on appela le Panthéon.

La fête globale de toutes ces divinités avait lieu en mai.

En l'an 607, le pape Boniface IV, voulant conserver la fête païenne tout en la christianisant, consacra ce temple, dont l'empereur Phocas lui avait fait cadeau, à la vierge Marie, la déesse catholique, et à ces hommes divinisés qu'on appelle les martyrs et les saints. Au lieu d'être voué à tous les dieux, le temple le fut à tous les saints, c'est-à-dire à tous les demi-dieux. La nouvelle fête s'appela la Toussaint.

Le saint habite le ciel. Placé près des divinités catholiques, il intercède pour les fidèles, transmet leurs prières en y joignant les siennes. Certains ont des spécialités, l'un, par exemple, est utile à invoquer pour provoquer la grossesse, tel autre pour retrouver les objets perdus, et saint Antoine de Padoue, actuellement en grande vogue, n'a pas son pareil pour encaisser les mandats-poste qu'on veut bien lui adresser. Les reliques des saints font des miracles. Beaucoup ont de magnifiques autels, des statues, un culte spécial et même des églises portant leurs noms. Plusieurs sont plus vénérés que les dieux catholiques eux-mêmes. Ce sont bien des sous-divinités, copie des demi-dieux romains qui, eux aussi, avaient leur culte, leurs statues, leurs légendes et leurs temples.

La déification d'un homme qui s'appelait chez les Romains *apothéose*, se nomme, chez les catholiques, canonisation. Ici, comme toujours, la religion chrétienne a adopté les cultes anciens. Les dieux ou sous-dieux romains étaient innombrables. Les saints des catholiques sont au nombre de plus de 25.000. C'est une véritable armée !

La Toussaint fut naturellement placée par l'Église au mois de mai, date de la fête de tous les dieux. Plus tard, elle fut transférée au premier novembre par Grégoire IV sur la demande de Louis le Débonnaire. Celui-ci fit remarquer que cette époque était plus favorable pour la réception des pèlerins qui affluaient à Rome, pour cette fête, tous les fruits de la terre étant alors récoltés.

CHAPITRE XIV

Le baptême. — Hydrothérapie religieuse. — Cérémonie de purification des anciens

Voici un chapitre plein de fraîcheur et d'une divine humidité. Voici la glorification de la douche, le triomphe de la baignade et de l'hydrothérapie céleste.

Le baptême, c'est le lessivage mental, le blanchissage psychologique, l'application de l'eau au rinçage des âmes et à la désinfection de l'esprit.

D'une manière générale, le baptême fait partie des cérémonies de purification pratiquées par diverses religions, bien des siècles avant Jésus. C'est une cérémonie ayant pour but l'initiation d'une personne aux rites d'une religion et l'acceptation par elle de cette religion, et, en même temps, la purification de l'âme et l'absolution des péchés.

Ne pouvant lessiver l'âme, le prêtre antique lavait le corps à grande eau. Cette manœuvre grotesque équivaut à celle d'un naïf canonnier qui, d'une éponge vigoureuse, essuierait, avec conviction, l'extérieur d'une pièce d'artillerie, dans l'espoir d'en approprier l'âme.

Le prêtre d'aujourd'hui a emprunté cette méthode grossière aux cultes antérieurs à Jésus. Au point de vue religieux, nous sommes presque contemporains des âges préhistoriques.

Les cérémonies de purification des anciens

comportaient, en outre du baptême, l'immersion, en telle ou telle circonstance, du corps ou de partie du corps dans l'eau, l'aspersion d'eau bénite, le lavage des mains, de la bouche, des bras, des jambes, les bains prolongés sous la surveillance des prêtres, etc., etc...

Aujourd'hui encore, les Israélites se lavent les mains au commencement des repas ; et les musulmans, au moment des prières quotidiennes, se lavent tout ou partie du corps.

Avant d'arriver à l'autel juif, on trouvait une cuve d'airain dans laquelle les prêtres se lavaient les mains et les pieds. (Exode, XXX et XL.)

Bien avant Jésus, les Perses baptisaient les enfants et les nommaient le jour du baptême.

Chez les Indous, on baptisait les enfants dans le Gange ou avec de l'eau bénite.

Chez les Juifs, c'était l'eau du Jourdain qui avait la vogue.

Chez les Grecs, c'était, près d'Athènes, celle de la petite rivière l'Ilissus.

A Athènes même, il exista une secte, appelée les Baptes, qui semble avoir exagéré l'hydrothérapie baptismale, et que cribla de plaisanteries Eupolis, un poète qui vivait au milieu du Ve siècle avant Jésus.

Au moment de la naissance du Christ, le baptême, ordinairement accompagné d'une confession publique, était, chez les Israélites, à la fois une cérémonie d'initiation à la religion juive et de rémission des péchés. (Mathieu, III, 6 ; Marc, I, 5 ; Luc, III, 3.)

L'ermite Jean, lorsqu'il plongeait dans le Jourdain les Juifs adolescents ou adultes qui venaient le trouver, ne faisait donc que continuer une pratique vieille de plusieurs siècles et commune à bien des religions. Il baptisa Jésus déjà vieux.

Jésus imita Jean et baptisa à son tour, et ne fit ainsi que se conformer aux rites de purification usités avant lui.

Le baptême, dans les premiers temps de l'Eglise, consistait à immerger trois fois entièrement le corps dans l'eau. L'Eglise romaine y a substitué le versement de l'eau sur la tête, considérée comme étant le siège de l'âme à blanchir. L'église grecque a conservé la vieille coutume, qui a pour elle le mérite de l'ancienneté, et elle reproche à l'Eglise romaine d'avoir, à partir du XIIIe siècle, abandonné cette pratique pour le baptême actuel.

Elle considère le baptême de l'Eglise romaine comme nul, baptise de nouveau les catholiques romains qui se convertissent au culte grec, et nous considère comme tout aussi païens que des Peaux-Rouges.

Dans les premiers temps de l'Eglise, on ne baptisait pas les enfants. En effet, le péché originel n'étant pas inventé, et le baptême constituant une acceptation solennelle, par le baptisé, de la religion catholique, il n'y avait aucune raison de l'appliquer à l'inconsciente enfance.

Plus tard, on admit que la foi des parents tiendrait lieu de celle de leur progéniture et qu'ils avaient droit de se porter fort pour elle. Le Concile de Carthage (an 253) décida, en conséquence, que l'on donnerait le baptême aux enfants. On administra alors, à la fois, au bébé, par application de ce principe, le baptême, la communion sous forme de vin, et la confirmation.

C'est là une coutume encore suivie par la religion grecque, mais abandonnée par le culte catholique.

L'Eglise romaine décida d'abord que les enfants ne pourraient communier que s'ils savaient le « *pater* » et le « *credo.* » Puis le Concile de Trente exigea qu'ils eussent l'âge de raison en laissant le soin au prêtre de le fixer. Une décision récente du pape a abaissé à 7 ans l'âge requis pour la première communion.

L'Eglise a pensé, que par ces temps d'irreligion, il était devenu presque impossible de faire accepter ce sacrement par des personnes ayant l'âge de raison

---

CHAPITRE XV

La Confession chez les Indous, les Grecs, les Perses, les Egyptiens, les Juifs, etc.

La confession est vieille comme le monde, vieille comme la curiosité et l'esprit de domination du prêtre qui y ont donné naissance, vieille comme la folie religieuse.

Chez les Indous, dont la religion qui paraît la plus ancienne du globe était antérieure de quelques milliers d'années à Jésus, la confession se faisait, soit en public, soit autrement, devant un tribunal composé de trois brahmes (prêtres). L'aveu des fautes devait être accompagné de repentir.

Le tribunal donnait l'absolution au coupable en lui imposant, comme aujourd'hui, des pénitences proportionnées aux fautes : jeûnes de durées variables, prières, aumônes à faire, sommes à remettre aux prêtres, pèlerinages, bonnes œuvres, etc. (Jacoillot, *Christna et la Bible dans l'Inde.*) Quand Bouddha réforma la religion brahmanique, environ sept cents ans avant Jésus, il conserva la confession. Elle avait lieu en public et au moins une fois l'an. (*Vie de Bouddha*, par Lamairesse.)

L'Eglise catholique nous dit :

> « Tous tes péchés tu confesseras,
> « A tout le moins une fois l'an. »

Toujours le plagiat !

En Egypte, en Perse et en Grèce, la confession fut pratiquée.

Comme aujourd'hui, il se trouvait des fidèles rebelles à cet aveu humiliant, et Plutarque nous raconte la brutale réponse que fit un Spartiate à un prêtre païen qui voulait le confesser.

Le Spartiate. — Est-ce à toi ou à Dieu que je me confesserai ?

Le prêtre. — A Dieu.

Le Spartiate. — En ce cas, homme, retire-toi.

Voilà une vieille et excellente réponse qui est encore aujourd'hui toute d'actualité.

Platon (quatre cents ans avant Jésus-Christ), écrivait :

« Des sacrificateurs et des devins assiégeant « les maisons des riches leur persuadent que, « s'ils ont commis quelque faute, eux ou leurs « ancêtres, elle peut être expiée par des sacri- « fices et des enchantements, par des fêtes et « des jeux en vertu du pouvoir que les dieux « leur ont donné.

« Et ils font accroire non seulement à des « particuliers, mais à des villes entières, qu'au « moyen de victimes et de jeux, ont peut expier « les fautes des vivants et des morts.

« Ils appellent purifications, les sacrifices ins- « titués pour les délivrer des maux de l'autre « vie, et ils prétendent que ceux qui négligent « de sacrifier doivent s'attendre aux plus grands « tourments dans les enfers. » (*République de Platon.* — Traduction de Chauvet et Saisset.)

La confession, les indulgences pour les vivants et les morts, le culte des âmes du purgatoire, existaient donc en Grèce des siècles avant le christianisme.

Chez les Juifs, la confession individuelle avait lieu en public. Ordinairement, elle précédait l'offrande que le pécheur faisait à Dieu, d'animaux variés, que le prêtre sacrifiait sur l'autel pour lui obtenir la rémission de ses péchés. (Lévitique, V.) Elle accompagnait généralement le baptême donné aux adultes et qui entraînait la rémission des péchés. (Cohen, *Les Déicides*, 87. — Mathieu, III, 6. — Marc, I, 5. — Luc, III, 3.)

Combien était préférable la confession collective des Juifs d'autrefos. Chaque année, le grand prêtre amenait un bouc au temple, lui mettait les mains sur la tête, confessait à haute voix les péchés du peuple et les siens propres, et priait, sans façon, l'Eternel de faire retomber sur le quadrupède innocent le châtiment applicable aux fautes commises. (Lévétique, XVI, 21.) Un Juif de confiance menait ensuite le pauvre animal dans le désert et l'y laissait.

Rendre un bouc responsable des péchés d'un peuple, était assurément un procédé peu banal.

Mais, à tout prendre, c'était infiniment plus moral que les épanchements intimes auxquels on se livre aujourd'hui dans ces cabines d'église qu'on appelle les confessionnaux.

Dans les premiers temps de l'Eglise, la confession avait lieu en public, quand se produisit une plaisante aventure qui provoqua, chez les fidèles, un rire communicatif, dont le joyeux écho est parvenu, de siècle en siècle, jusqu'à nous.

Un beau jour, à la fin du quatrième siècle, une excellente dame (on peut la supposer jeune et jolie et espiègle aussi), s'avisa tout à coup, en plein public, sans crier gare, sans avertir personne, de s'accuser, en termes catégoriques... d'avoir eu des rapports sexuels avec un prêtre.

Du coup, la confession faillit sombrer. Certains évêques, parmi lesquels Nectaire et Chrysostôme, perdirent la tête et l'abolirent dans leurs diocèses.

L'Eglise se décida alors à prescrire la confession secrète qui ne devint d'un usage fréquent qu'au septième siècle et ne fut définitivement adopté qu'au douzième siècle.

Autrefois le clergé vendait son absolution. C'était une denrée céleste dont le prix variait selon les fautes. Le tarif de la sacrée pénitencerie (Paris, 1520), nous apprend combien il fallait verser pour avoir tué sa mère, fait un faux serment, défloré une vierge, ou caressé une dame dans une Eglise.

Ce que l'homme doit confesser ici, c'est l'éclatante supériorité de la bête sur lui.

Jamais, au fond des verts taillis, la mère chevreuil n'a conduit la chevrette, sa fille, vierge et naïve enfant, dans un fourré isolé (confessionnal champêtre), à un jeune et lascif brocart chargé d'arracher, en frémissant de plaisir et de désirs, à cette âme simple, l'aveu de ses péchés mignons.

Jamais le chevreuil mâle n'a forcé son fils espiègle à aller subir, derrière une haie, l'immoral interrogatoire d'un capucin à quatre pattes.

Jamais de l'antre du lion, du terrier du lapin, du renard ou du blaireau, du gîte du lièvre, du nid du petit oiseau, de l'aire de l'aigle, jamais des bois, jamais de la mer n'est sorti un animal qui ait osé se proclamer le mandataire de Dieu et le distributeur de ses pardons.

Bêtes pleines d'esprit des champs et des bois, apprenez donc au roi orgueilleux de la création qu'il est le plus sot des animaux quand il consent à ramper devant son semblable, jouant comiquement au demi-dieu. Dites-lui que tous les hommes sont égaux ; que son incurable bêtise déshonore l'univers, et que le prêtre, pas plus que le dernier des lapins ou le plus humble des roitelets, n'a reçu mandat de représenter cet inconnu qu'il appelle Dieu !!!

CHAPITRE XVI

Le sacrifice sur l'autel (ou messe) et la communion dans les religions de l'antiquité

L'habitude d'offrir aux dieux, par le ministère du prêtre, des objets divers dont ce dernier profitait, en tout ou partie, est commune à toutes les religions anciennes.

Cette offrande s'appelait le sacrifice. C'était, en réalité, un impôt prélevé par le prêtre, sous prétexte de consécration de certaines choses aux dieux. C'était un budget des cultes payable en nature et individuellement.

Les objets constituant les sacrifices et destinés à passer de l'autel dans l'habitation du prêtre, variaient à l'infini. Nous trouvons parmi ceux le plus généralement offerts : le lait, le miel, l'huile, les fruits, les fleurs, les étoffes, l'argent, les vases précieux, la farine, le pain, le riz, les gâteaux variés, les bœufs, veaux, chèvres, brebis, le sel, les tourterelles, les graines de toutes sortes, etc.

Certains peuples sacrifiaient des victimes humaines. Il en était ainsi chez les Juifs. En ouvrant leur histoire, nous trouvons, profondément enracinée chez eux, la croyance à la nécessité du sacrifice humain pour fléchir Dieu. (Larousse, V° sacrifice.)

C'est ainsi que nous voyons l'Eternel luimême demander à Abraham de lui immoler son fils. Isaac échappe au couteau; mais la fille de Jephté est massacrée. Jonas est condamné à mort et jeté à la mer pour apaiser la colère céleste. Le roi Achaz sacrifie son enfant premier né (Rois, II-XVI), Manassé en fait autant (Rois, II-XXI), et le peuple, imitant ses rois, offre au couteau du prêtre, pour racheter les péchés et fléchir la divinité, ses malheureux enfants. (Rois, II-XVII, 17.) D'autre part, Dieu fait de son fils un homme et le fait mourir sur la croix.

La loi juive avait, en effet, organisé le meurtre en enjoignant aux Juifs de sacrifier sur l'autel les premiers nés de chaque famille. (Exode, XIII.)

Cet assassinat légal devint une réalité, et les Juifs, tout au moins pendant une longue période, firent fumer, en l'honneur de Dieu, la chair de leurs enfants brûlés par le prêtre. (I Rois, XI, 7. II Rois, XVII, 17, et XXIII, 10.) — (Sabatier, *Esquisse d'une philosophie de la religion*, 148-153). — (Vinson, *Les religions actuelles*, 298.) — (Jérémie, VII.)

On pouvait, il est vrai, les racheter par l'offrande d'un agneau et par le paiement d'une certaine somme qui était de 5 sicles (13 francs) pour les garçons, et de 3 sicles pour les filles. (Lévétique, XXVII — Nombres III et XVIII.) Mais on est bien obligé de constater que c'était là l'organisation légale et effective du sacrifice humain et (la victime se partageant entre le prêtre et le fidèle) de l'anthropophagie. (Malvert, *Science et Religions*, 105.)

La passion de Jésus n'est donc qu'une application des théories des Juifs sur le rachat des péchés par l'immolation de victimes innocentes et notamment des enfants.

En prêchant que Dieu avait consenti à l'immolation de son fils, pour apaiser sa propre colère, Paul n'a fait qu'assimiler la divinité aux Juifs.

C'est toujours le système de l'homme créant ses dieux à son image et à sa ressemblance. Ce fut l'assassinat des enfants qui, devenu contagieux, gagna, selon les Juifs, le ciel et séduisit Dieu lui-même.

La même loi de sacrifice et de rachat s'appliquait aux premiers nés des animaux.

C'était là, aussi, un système de perceptions établi par le prêtre des anciennes religions et constituant son budget des cultes.

En échange des cadeaux offerts aux dieux et encaissés par le prêtre des anciennes religions, celui-ci accordait la rémission des péchés.

Il mangeait avec les fidèles une partie des objets offerts et rendus sacrés par certaines cérémonies et prières, ou leur en abandonnait une portion. Cette nourriture bénite, origine de la communion catholique, sanctifiait l'âme et la lavait de toute souillure.

Les méthodes adoptées, en général, par les religions pour la purification des âmes, comprennent, d'une part, la confession (c'est là une opération purement intellectuelle); d'autre part, une action exercée sur le corps pour arriver à l'âme.

Cette action comprend : premièrement, le lavage extérieur de l'individu sous forme de baptême, bains, ablutions; et, en second lieu, l'absorption interne par lui de substances bénites par le prêtre.

Cette absorption constitue les repas sacrés ou communions qui se sont perpétués jusqu'à nos jours avec des différences qui ne portent que sur les détails. Inutile de faire remarquer la grossièreté de ce singulier procédé de purification, digne des temps barbares et créé pendant l'enfance de l'humanité, qui lave le corps ou lui infuse une nourriture pour améliorer l'esprit.

Il en était ainsi dans l'Inde où le prêtre, bien antérieurement à Jésus, faisait, à l'aide de certaines cérémonies, descendre, chaque jour, Christna représentant Vichnou, sur l'autel. Puis l'officiant mangeait avec les fidèles les galettes de riz offertes, et buvait avec eux l'eau de safran. (*Christna*, par Jacoillot. Comparez Burnouf, *Science des religions*, 69-176 et suiv.)

En Egypte, les Thérapeutes consacraient sur leurs autels le pain et l'eau. Chez les Perses, il existait aussi un sacrement comportant la consécration du pain et d'un liquide. (Dupuis, *Origine de tous les cultes*, V, 246 et suiv. — Burnouf, *Science des religions*, 153-94. — Strauss, *Nouvelle vie de Jésus*, I-XXVIII.)

Mithra, c'est-à-dire le Soleil, était le Dieu des Perses. Cette religion avait été fondée ou réformée par Zoroastre, 600 ans, selon les uns, 1.300 ans, selon les autres, avant Jésus. Elle s'était étendue aux Egyptiens et aux Grecs, et avait été introduite en Italie 67 ans avant l'ère chrétienne. Au moment de la mort du Christ, elle avait donc à Rome cent ans d'existence. Elle vécut encore environ 400 ans après lui en Italie. (Bescherelle, V° Mithra — Bouillet, Dictionnaires d'histoire et de géographie aux mots Mithra et Zoroastre.)

Cette longue existence simultanée, à Rome, du culte perse et du christianisme expliquent les plagiats de ce dernier.

Saint Justin (Apologie pour les chrétiens), nous aprend que les prêtres de Mithra célébraient en grande pompe la communion; et qu'ils mettaient du pain et de l'eau dans un calice, en récitant certaines formules de consécration. Tertullien fait une déclaration analogue. (*Traité des prescriptions.*)

Le prêtre perse, après des aspersions d'eau bénite, invoquait les dieux; les fidèles joignaient leurs prières aux siennes, puis il absorbait lui-même et distribuait aux communiants le pain et la liqueur qu'il venait de rendre sacrée (consacrer) à l'aide de certaines paroles mystérieuses.

C'était un sacrilège de communier en état d'impureté; il fallait être, comme dit l'Eglise, en état de grâce. (Dupuis, *Loc. cit.*, et Julien Vinson, *Les religions actuelles*, 244.)

Il en était de même chez les Juifs où la consécration, par le prêtre, de la viande de l'animal et son absorption par le fidèle étaient, en général, précédés de la confession de ce dernier. (Lévitique, V, 5.) Le communiant devait, à peine de mort, être exempt de toute souillure. (Lévitique, VII, 20 et 21.)

Cet usage et ces prescriptions ont été adoptés par le catholicisme et la confession continue à précéder la communion.

Pendant plus de mille ans, prêtres et fidèles catholiques mangèrent du pain et burent du vin en souvenir de Jésus, avec certaines cérémonies, et sans que l'on fût obligé de croire alors que le pain et le vin devenaient Dieu.

C'était la copie exacte des repas sacrés des anciens cultes. Ici encore, nous retrouvons l'éternel plagiat de l'Eglise.

Le prêtre continue, de nos jours, à faire à l'autel un repas sommaire composé de pain et de vin qu'il déclare être de la chair et du sang; le fidèle n'absorbe plus que le pain, sauf dans l'Eglise grecque où le vin est encore en usage, mais c'est toujours, bien évidemment, la continuation des traditions des anciennes religions.

Le mot « hostie » lui-même l'indique. Il vient des Romains. Le mot « hostia », dérivé de « hostis » (ennemi), désigna d'abord les prisonniers ennemis que l'on sacrifiait aux dieux, puis ensuite les bœufs, veaux, moutons et autres victimes qu'on tuait sur l'autel et dont la chair consacrée par le prêtre et absorbée par les fidèles et lui les sanctifiait.

L'hostie actuelle n'est que de la chair humaine et divine substituée à la chair des animaux des religions à sacrifice sanglant, ou au pain de celles qui réduisaient la consécration au pain et à un liquide quelconque. Elle remplit le même but de purification, porte le même nom et n'est que la continuation des repas sacrés d'autrefois.

C'est aussi en souvenir des vieilles religions que l'on appelle la messe, le *sacrifice* de la messe. Sacrifice vient de *sacer facere* (rendre sacré. Le prêtre catholique rend sacrés, à l'aide de certaines prières et cérémonies, le pain et le vin comme les religions d'autrefois le pain et un liquide quelconque ou même le filet de bœuf ou le gigot de mouton. C'est toujours le même procédé qui s'est perpétué à travers les siècles.

Chez les Juifs, on immolait autrefois sur l'autel des animaux variés.

Du temps de Moïse, l'autel avait environ 2m50 de long, autant de large et 1m50 de hauteur. Il était recouvert d'airain. Il comportait, comme accessoires indispensables : une grille, des chaudrons, des racloirs, des bassines, des fourchettes et des encensoirs, le tout en airain. Il était portatif. (Exode, XXVII et XXXVIII.)

Le fidèle, arrivé près de l'autel, mettait sa main sur la tête de la victime par lui amenée. Le prêtre, moitié boucher, moitié rôtisseur, intervenait alors, égorgeait et écorchait la victime, en répandait le sang autour de l'autel et brûlait la tête, la fressure, la queue, les rognons et la graisse. Toute graisse, dit la Bible, appatient à l'Eternel. (Lévitique, III, 16.)

Les victimes ordinaires étaient le veau, le bouc, l'agneau, la tourterelle, les pigeonneaux, etc. Le prêtre, conservait le tout ou partie selon le but du sacrifice.

Le fidèle emportait ce que le prêtre lui abandonnait et mangeait ainsi une nourriture consacrée par l'officiant. Elle remettait les péchés et purifiait l'âme. (Voyez premiers chapitres du Lévitique.)

Les Juifs offraient aussi à l'Eternel des gâteaux, dont le prêtre brûlait une partie et mangeait le reste.

Le Christianisme n'eût donc, pour établir sa communion, que l'embarras du choix entre les religions qui pratiquaient les repas sacrés.

La cérémonie de la Cène (aux paroles près), était pratiquée quotidiennement par les Juifs, et Jésus n'a pas innové sur ce point.

Tous les jours, au commencement des repas, le chef de famille bénissait le pain à l'aide d'une prière, le rompait et le partageait aux convives. Il opérait d'une manière analogue pour le vin. Cet usage est encore suivi aujourd'hui dans certaines familles juives. (Renan, *Vie de Jésus*, 216.)

Le récit des évangiles, sur ce point, et les paroles prêtées à Jésus ne furent, en réalité, qu'un prétexte imaginé pour justifier l'adoption des rites des vieilles religions relatifs à la nourriture sacrée et à la communion antique. C'est là une opération de rajeunissement des vieux usages.

Au bout de 1215 ans seulement, l'Eglise adopta le dogme de la présence réelle de Jésus dans l'hostie.

L'adoption, par les religions, comme nourriture sacrée, de la viande des animaux, avait constitué un énorme progrès sur les sacrifices humains et l'anthropophagie des cultes originaires.

La substitution du pain et d'un liquide à la chair et au sang, en avait constitué un autre que l'Eglise avait adopté.

La folie désastreuse des Conciles amena, au bout de plus de mille ans, avec le dogme de la présence réelle de Jésus dans l'hostie, un mouvement de recul et la réhabilitation des sacrifices humains et de l'anthropophagie d'autrefois.

L'emploi de la divinité comme désinfectant de l'âme et comme phénol intellectuel et moral, l'usage de la chair humaine pour la purification de l'esprit constitue évidemment le comble de la folie religieuse. Cet avilissement n'a été égalé par aucun autre culte.

Vous êtes les seuls, dit Pigault-Lebrun, aux prêtres catholiques, qui ayiez imaginé que vous pouviez manger votre Dieu, que vous resserrez l'infini dans votre estomac, que vous le digérez, que vous le rendez !! (*Le Citateur*, chap. I.)

CHAPITRE XVII

L'Eucharistie. — Anthropophagie et Théophagie

La communion ne fut d'abord qu'un repas sommaire, composé de pain et de vin, que les premiers chrétiens faisaient en commun, en souvenir de Jésus.

On appelait les repas « agape », d'un mot grec, signifiant charité, amour. Pour être chrétien, on en est pas moins homme. Des abus se produisirent. On accusa les convives d'user immodérément du vin et de la bonne chère, de convier à leurs repas des courtisanes et de manifester, une fois les lumières éteintes, trop d'affection pour les deux sexes. Le Concile de Carthage (an 397), dut les abolir. Déjà, du temps de saint Paul, il y avait des abus. « Les uns, « nous dit l'apôtre, se présentaient à jeûn, et « les autres ivres. »

Et, dans une de ses épîtres, il s'écrie : « On « entend dire, de toutes parts, qu'il y a parmi « vous de l'impudicité, et une telle impudi- « cité que même parmi les gentils (païens) il « n'y a rien de semblable. » (I, Corinthiens, V.)

Et saint Epiphane donne sur la communion sexuelle, qui fut pratiquée, pendant des siècles, par certaines sectes chrétiennes, des détails si répugnants, si attentatoires à la pudeur, que nous ne pouvons qu'indiquer au lecteur, dans les notes qui suivent cette brochure, où il trouvera le passage des écrits de cet évêque, flétrissant ces immondes pratiques.

Quand les agapes furent abolies, le prêtre

fournit aux fidèles le pain qu'ils pouvaient emporter chez eux et le vin qu'il leur faisait boire dans une coupe de bois ou de terre. On prit bientôt l'habitude de mélanger de l'eau au vin et certains hérétiques, les aquariens, substituèrent complètement l'eau au jus de la treille.

Quand on commença à parler de la présence réelle de Jésus dans le pain et le vin, on fit absorber ce dernier par le fidèle, à l'aide d'un tuyau. On voulait éviter ainsi que le sang de Jésus fut répandu à terre.

Plus tard encore, on donna aux chrétiens, le pain trempé dans le vin. A partir du douzième siècle, le vin fut réservé aux prêtres et cette innovation fut consacrée par les Conciles de Constance (an 1414), de Bâle (an 1431) et de Trente. Comme on le fit spirituellement observer, le peuple devait être satisfait de manger Dieu sans avoir encore à le boire.

L'Eglise grecque, respectueuse des anciens usages, donne encore la communion sous les deux espèces, à l'aide de pain trempé dans le vin offert à l'aide d'une cuiller.

La question de la présence réelle de Jésus dans le pain et le vin fut discutée du deuxième au huitième siècle, entre les pères de l'Eglise. Les Conciles s'emparèrent alors de la controverse. Le Concile de Jérusalem (754) fut contraire à la présence réelle, mais le second Concile de Nicée (787) l'accepta. Toutefois la question resta indécise même après le Concile de Rome (1054), et elle ne fut définitivement tranchée que par un autre concile tenu à Rome en 1215.

L'eucharistie n'est pas, comme on le croit communément, un simple symbole. A cet égard la folie de l'Eglise ne badine pas; et le Concile de Trente, prononce un anathème de première grandeur contre celui qui oserait nier : « *Que « le corps, le sang, l'âme et la divinité, en un « mot le Christ tout entier, ne sont pas en réa- « lité dans l'hostie ou le calice* ». (Canon Ier).

Et il ajoute, au canon VIII : « *Si quelqu'un « dit que Jésus, dans l'eucharistie, n'est mangé « que spirituellement et non pas sacramentel- « lement et réellement, qu'il soit « anathème.* »

Le communiant mange donc en réalité l'homme dieu, c'est-à-dire qu'il devient à la fois anthropophage et théophage.

Ce n'est pas là une manière de parler, un mythe, un symbole. C'est bien de la viande crue qu'il déchire avec ses dents, du sang qu'il s'ingurgite, un corps humain qu'il fait passer dans son estomac. Le communiant ne peut médire du sauvage qui tue son ennemi pour s'offrir un rôti de premier choix. Comme lui, il aime l'aloyau et le filet humain. S'il n'est pas convaincu qu'il mange de la viande humaine, il n'est pas plus catholique que Satan en personne.

Il n'y a que l'habitude séculaire que notre nation a de ces pratiques et l'éducation déplorable que l'on donne aux enfants dès la mamelle, qui puisse expliquer que l'on s'accommode encore de ce dogme de cannibales dans un pays civilisé.

Ce dogme conduit à de hideuses conséquences.

Il en résulte que la jeune communiante, chaste et pure, avale, en ce compris, les parties sexuelles, le corps entier du vagabond de Nazareth !

N'est-ce pas là le comble de l'ignoble et de la folie !

Il en résulte qu'un communiant absorbe,

sans inconvénient, le corps de l'adulte Jésus, dont le poids ne peut être estimé (poids moyen) à moins de soixante-cinq kilogrammes.

Quelle prodigieuse stupidité !

D'autre part, le fidèle trouve dans l'hostie la chair et le sang; le prêtre n'y trouve que la chair, le sang étant dans le calice. Il absorbe donc un corps dépourvu de sang et du sang étranger à un corps.

Cela n'empêche pas, paraît-il, le corps et le sang d'être vivants. C'est de la folie pure !

L'hostie doit être de blé pur. L'addition de seigle, d'orge, de farine de pommes de terre, de fécule, empêche le miracle.

Un insecte, une puce, par exemple, qui se trouve dans la pâte de l'hostie ne devient pas un Dieu. La puce reste puce. Dieu se loge, comme il l'entend, dans le reste de l'hostie.

L'hostie et le verre de vin ne contiennent qu'un seul Dieu; mais si on divise l'hostie ou le vin, chaque parcelle, chaque goutte devient un Dieu. Qu'un prêtre laisse choir son calice, et voilà cinq cents ou mille dieux (tout un bataillon), sur le tapis de l'autel ! (Concile de Trente, canon III.)

Une hostie tombe à terre, un chien la mange. Voilà le toutou dûment nanti du corps, du sang, de l'âme et de la divinité de Jésus. Il est devenu un chien-dieu et la divinité catholique, montée sur quatre pattes, ira prosaïquement lever la patte contre un mur, ou aboyer contre les passants !

Quelle monstrueuse ineptie.

On a discuté la question de savoir quelle forme le corps de Jésus prend dans l'hostie ? Est-il debout, assis, couché ? Pour qu'il garnisse complètement l'hostie, on est forcé d'admettre qu'il y est couché en rond. Mais quand l'hostie est divisée, il est évident que ce corps divin doit prendre des formes géométriques, et des postures bizarres, plus dignes d'un clown désossé que du créateur du monde.

La question de savoir s'il est nu ou habillé n'est pas dépourvue d'intérêt.

Faire avaler un homme nu, par une jeune fille, est une opération peu banale, mais indécente.

Le faire absorber avec ses vêtements, constitue une opération plus propre, mais alors quelle singulière nourriture, et digne d'une autruche, que celle de tissus variés et de chaussures diverses.

Les théologiens ont creusé avec ardeur leur sujet, et se sont demandé quelle impression Jésus pouvait ressentir dans la bouche et l'estomac du communiant.

Ici l'invraisemblance prend de telles proportions qu'il nous faut citer textuellement.

Voici la réponse : « Le fidèle qui communie « touche non moins réellement la chair du « Sauveur lorsqu'il reçoit la sainte hostie sur « sa langue; et, comme tout contact est nécessairement réciproque, Jésus-Christ, de son « côté, lorsqu'il se donne en nourriture, éprouve « toutes les sensations tactiles d'étendue, de résistance et de chaleur... Non seulement son « toucher, mais tous ses sens, comme nous « l'avons dit plus haut, peuvent s'exercer à « notre endroit ». (Leray — *Le Dogme de l'Eucharistie*, page 56.)

Jésus se trouve, dans la communion, dans les mêmes conditions que feu Jonas dans sa baleine, et il paraît qu'il s'y trouvait tout à fait à son aise. Il éprouve, paraît-il, un vrai plaisir à être avalé vif. C'est là un point sur lequel les théologiens ont joliment fait de nous fixer.

Car toutes les questions abordées dans ce chapitre, dans le but de vulgarisation que se propose ce livre, ont été traitées par la théologie. Elles ne sont pas de notre invention.

Nous les avons exposées, avec modération, en nous abstenant, par respect pour le lecteur, des plaisanteries risquées qui naissent forcément d'un aussi écœurant sujet. On tomberait vite dans l'ignoble, si l'on voulait analyser les sensations de Jésus dans son voyage de la bouche... à l'extrémité inférieure !

Combien de temps Jésus reste-t-il dans le communiant ? Jusqu'à ce que l'hostie soit digérée, disent les uns; jusqu'à ce qu'elle soit... expulsée, disent les autres.

Un dieu dans une chaise percée ! un dieu devenant l'un des produits des compagnies de vidange ! Quel tableau.

Voilà l'Eucharistie depuis le Concile de 1215. Quelle divagation ! Quelle surhumaine stupidité ?

CHAPITRE XVIII

Les Paradis dans l'antiquité et actuellement. — Le Paradis de Mahomet et de Bouddha.

Le paradis est le séjour heureux promis par les prêtres de toutes les religions comme récompense aux naïfs. Cet enclos consacré à la joie est un accessoire obligé de tous les cultes. Promesses et menaces, paradis et enfers, voilà depuis la plus haute antiquité, le bilan de toutes les religions.

Observation commune à ce chapitre et au chapitre suivant : Le paradis, l'enfer, le purgatoire, les diables, le jugement individuel de l'âme, la fin du monde, la résurrection des corps ont été empruntés par le christianisme aux vieilles religions et notamment à la religion perse. Il n'y a de différence que dans les détails. Le gros œuvre est le même.

Les chrétiens n'eurent qu'à se baisser pour ramasser dans le stock des paradis des vieilles religions le traditionnel séjour de félicité que tous les cultes promettent à leurs fidèles.

L'inépuisable religion perse leur fournit notamment le nom de ce séjour enchanté. Le mot paradis est, en effet, d'origine persane. Il désignait le parc qui entourait le palais des rois. Par extension, on en a fait un lieu de plaisir.

On allait au paradis des Perses par un pont immense, mais fort étroit, sur lequel se tenaient un tribunal et des démons. Ceux-ci précipitaient le damné depuis le pont dans l'enfer. Les élus trouvaient le paradis au bout de la passerelle.

A la fin du monde, les tourments des damnés devaient cesser et les défunts ressusciter, les adultes à l'âge de 40 ans, les enfants à l'âge de 15 ans.

Le paradis des Romains et des Grecs n'était séparé de leur enfer que par un fleuve. Les élus y goûtaient tous les plaisirs imaginables. Le printemps y était éternel, les arbres toujours chargés de fruits. On y banquetait joyeusement. On y chantait, on y faisait de la musique, on y aimait.

Le paradis scandinave était tout en or. Le bonheur suprême pour les âmes belliqueuses qui s'y trouvaient était de se battre tous les jours à l'arme blanche. L'histoire ne dit pas si, depuis l'invention des armes à feu, elles ont apporté quelques changements dans leurs combats. Un tir à la cible paraît un complément tout indiqué de ce paradis guerrier.

Après le combat, les âmes se passaient la serviette au cou et on leur servait des cuissots de sanglier. Les estomacs délicats feront bien de fuir ce paradis. Ces gaillards-là ont mis trop de venaison dans leur cuisine !

Quant au paradis catholique, il se trouve dans le ciel !

Cette indication est plutôt vague. Le ciel est peuplé d'astres innombrables qui se promènent dans des espaces sans fin. Où est le paradis catholique ? Quand on promet quelque chose aux gens, il ne suffit pas de leur en indiquer la direction.

Est-il proche des paradis des autres religions ? Les âmes paisibles des catholiques seraient désolées de se trouver voisines du céleste séjour scandinave où l'on s'administre des horions toute la journée. D'un autre côté, les âmes vertueuses seraient effarouchées d'apercevoir, de leurs fenêtres, le paradis de Mahomet avec ses fêtes éternelles et ses jolies filles toutes nues.

D'après les catholiques, l'âme du juste, après avoir été jugée par Jésus, monte de suite au ciel avec la rapidité d'un météore. Elle redescendra sur la terre le jour de la résurrection des morts pour reprendre possession de son corps, puis remontera ainsi complétée au firmament. Les longs voyages sont en honneur là-haut.

Les corps des ressuscités auront trente ans, ils seront d'une beauté sans pareille. Ce sera là une véritable aubaine pour les gens laids. Le ciel leur devait bien cette compensation.

Le paradis, comme tous les dogmes catholiques, a fait l'objet d'interminables discussions. Selon certains théologiens grognons, l'entrée devait en être refusée brutalement aux âmes jusqu'à la résurrection générale. C'est encore le sentiment des églises grecques. Elles devaient, jusque-là, errer, tristes et plaintives, dans un lieu d'attente dont la position géographique ne fut jamais, comme bien vous pensez, mieux déterminée que celle du paradis.

Tel était l'avis de saint Bernard, d'Origène, de saint Jean Chrysostôme, Tertullien, etc... Mais saint Cyprien, saint Polycarpe, saint Eusèbe, et d'autres aussi pressés, prétendaient, au contraire, forcer la porte du paradis et en offrir l'accès immédiat aux âmes.

Le Concile de Florence (an 1439) donna raison à ces derniers, et enjoignit à Dieu d'ouvrir nuit et jour, à la réquisition des âmes justes, la porte du céleste séjour. C'est probablement de la même époque que date la nomination du sympathique saint Pierre au grade de concierge.

C'est un lieu peu folâtre. L'éternelle occupation des élus est la morne contemplation de ce beau vieillard à la barbe de fleuve que l'on appelle le Père Eternel, de son fils qui, d'après Celse et certains Pères de l'Eglise, est petit, laid et chétif, et de l'Esprit-Saint représenté par un pigeon.

C'est un paradis à fanfares, un paradis musical, instrumental, orphéonique, dans lequel les âmes seront submergées et noyées dans des flots éternels de chants d'allégresse et de divines mélodies. Le troupeau des fidèles alternera avec les trombones de la musique céleste et bêlera pendant l'éternité, sans doute sous la direction de sainte Cécile, les louanges du Seigneur.

Les plaisirs des sens en sont exclus. Le mari en rencontrant, au paradis, sa jolie petite femme terrestre, rendue mille fois plus belle encore par la résurrection, aura beau, hélas ! s'élancer dans ses bras. L'impuissance sexuelle est de règle dans ce pudique séjour et c'est une règle sans exception. Les hommes seront de marbre et les femmes de glace. Abeilard sera devenu légion et son infirmité constituera la dernière mode du ciel.

L'estomac prendra sa retraite et d'éternelles vacances. Il ne vivra plus que de souvenirs. Les amis de la bonne chère et des grands crus fuiront le paradis catholique, car le boire et le manger y sont interdits. Les plaisirs y sont d'ordre purement intellectuel. C'est là un régime maigre de nature à empêcher nos gourmands de faire le salut de leur âme.

Parlez-moi du paradis de Mahomet. Nous

avons, sur le contentement qui y règne, des données fort précises. Cela tient à ce que Mahomet, monté sur une jument ailée que lui procura l'ange Gabriel, se rendit en excursion dans les cieux. Il nous en parle en homme qui a vu, de ses yeux vu. On peut avoir en ce témoin oculaire toute confiance.

Le premier ciel, nous dit Mahomet, est en argent, et les étoiles que nous apercevons sont suspendues à sa voûte par des chaînes d'or. Il est habité par Adam et par des anges ayant la forme des animaux de notre globe et chargés d'intercéder pour eux.

Dans les autres religions, le genre humain a le monopole de la prière et des anges gardiens. C'est une bêtise. Pourquoi refuser au chien, par exemple, cet ami de l'homme, le droit d'aboyer, d'une voix retentissante, ses prières au Créateur. Nos toutous et nos matous ont, comme nous, des anges qui s'occupent de leurs petits intérêts et du salut de leur âme. Allons, tant mieux. Cela prouve péremptoirement aux impies que la Providence pense à tout.

Le second ciel est en acier. Le troisième en pierres précieuses. Il est habité par un ange énorme et dont la tête est si vaste que ses yeux sont à une distance de soixante-dix mille jours de marche l'un de l'autre.

Le quatrième ciel est en argent, le cinquième en or, le sixième en diamants. Dans le septième, Mahomet rencontra un particulier ayant soixante-dix mille têtes. Chaque tête avait soixante-dix mille bouches, chaque bouche avait soixante-dix mille langues. Chaque langue parlait soixante-dix mille idiomes.

Au milieu était un arbre gigantesque produisant des fruits superbes. Dans les fruits se trouvaient des pépins, et dans chaque pépin une jolie fille destinée à l'usage des élus. Les fruits et les pépins (contenant et contenu) sont innombrables et se reproduisent sans cesse. Il n'y a qu'à allonger le bras pour en prendre.

Mahomet possède, pour lui seul, dans le paradis, soixante-dix pavillons en or. Dans chacun, il y a sept cents lits, et autour de chaque lit sept cents jolies filles.

Tout commentaire affaiblirait l'éloquence de ces chiffres !

Quant aux simples mortels, moins bien doués que le prophète, ils n'ont, en ce qui concerne les plaisirs de l'amour, que la puissance de cent hommes.

Au-dessus du septième ciel se trouve le Père Eternel. Pour la circonstance, et craignant de foudroyer son prophète s'il se montrait à lui, il s'était couvert le visage de vingt mille voiles. Ces vingt mille voiles devait constituer une voilette d'une certaine épaisseur !

Le paradis de Bouddha ressemble beaucoup à celui de Mahomet. Il lui était antérieur de douze siècles.

Il abondait en jolies filles et en récréations de toutes sortes. Toutefois, Bouddha qui avait fait de la continence une vertu, et qui l'avait prescrite, ainsi que le célibat (comme le fit, à son exemple, quelques siècles plus tard, le catholicisme), à ses religieux et à ses religieuses, avait établi, dans les plaisirs sexuels, diverses catégories.

Pour l'immense majorité des élus, c'est-à-dire pour ceux qui ne se sont pas fait de la vertu une spécialité, et qui n'ont été admis au paradis qu'avec un peu de protection, le rapprochement des deux sexes avait lieu avec tous les agréments et toutes les caresses qu'il comporte. Il ne pouvait en résulter d'enfants.

Les justes, plus dégagés des choses terrestres, se contentaient d'embrasser, en tout bien tout honneur, les jolies femmes du paradis. Ceux d'une classe plus élevée n'échangeaient plus avec elles que de simples et cérémonieuses poignées de main. D'autres, enfin, plus réservés encore, se contentaient de les regarder.

Cela prouve péremptoirement qu'il y a des imbéciles même au paradis.

CHAPITRE XIX

Les Purgatoires et les Enfers dans l'antiquité. — Les Diables

Le purgatoire le plus ancien paraît être celui des Indous.

Il y a de nombreux siècles, des anges indous s'étant révoltés contre leur Dieu, à propos de la place qu'il leur avait assignée dans le ciel, il les précipita dans un lieu de souffrance et ne les en tira qu'au bout de mille ans. (Voltaire, *Dictionnaire philosophique.* — V° Purgatoire.)

On ignore absolument si ce purgatoire existe encore et on n'a jamais su exactement où il se trouvait. Peut-être est-il encore habité tout au moins par un concierge. Peut-être tombe-t-il en ruine. Les purgatoires, comme tous les autres édifices, ne peuvent subsister sans de continuelles réparations.

Dans le sixième livre de l'*Enéide,* de Virgile, celui-ci nous apprend que, parmi les âmes envoyées au purgatoire, les unes étaient exposées à tous les vents, les autres noyées, les autres brûlées. C'était le purgatoire des Romains.

Le purgatoire grec nous est décrit par Platon plus de quatre cents ans avant Jésus. Les âmes y étaient enfermées et exposées aux plus vives souffrances ; flammes dévorantes, morsures de reptiles, flagellation par les furies, etc.

La religion indoue avait bien fait les choses. Elle avait non seulement le purgatoire où Dieu avait précipité les anges, mais elle en avait en tout vingt-et-un. Chacun était affecté à un supplice différent. Ici, on était rôti sur le gril, et là, dévoré à belles dents par des bêtes féroces. Dans ce compartiment, on était plongé dans un fleuve de feu, et dans celui-ci, dans un fleuve de boue. A côté d'un laboratoire où les diables empoisonnaient le patient, s'en trouvait un autre où on le forçait à s'asseoir sur la pointe bien aiguisée d'un morceau de fer.

Bouddha (700 ans environ avant Jésus), n'admettait pas l'enfer, mais il avait des purgatoires qui n'étaient pas folâtres.

Voici quelques échantillons des tortures appliquées aux condamnés :

« Les gardiens saisissent les damnés, les « étendent le dos sur le sol formé de fer brû- « lant, leur ouvrent la bouche avec une broche « de fer, et y introduisent soit des boules de « fer brûlant, soit du cuivre fondu qui leur « brûlent les lèvres et, après avoir consumé la « langue, le gosier, et les entrailles, s'échap- « pent par en bas.

« Les gardiens, après les avoir étendus sur « le sol de fer brûlant, ne formant qu'une « seule flamme, les traversent avec une chaîne « de fer chauffée à blanc; puis ils les rabottent « avec une houe de fer brûlante. Ils enlèvent « ainsi de leur corps un huitième, un sixième « ou un quart, les rabotant en long et circulai- « rement, du haut en bas, soit doucement, soit « très doucement.

« Dans ce purgatoire, on rencontre d'abord « une rivière large et profonde, aux tourbillons « effrayants, et qui paraît comme un lac de « feu. Sur ses bords, se tiennent les ministres

« infernaux (diables), avec toutes sortes d'ar-
« mes. Ils percent, taillent ces infortunés qui
« cherchent à sortir de ces flots dévorants, les
« repoussent violemment sur mille dards qui
« les pénètrent, et les reprennent ensuite pour
« les faire rôtir sur des charbons ardents. On
« n'entend que les hurlements de ces victimes,
« etc...

« Ailleurs, des corbeaux dévorants, des ai-
« gles affamés, de hideux chiens à cinq têtes
« assouvissent leur faim furieuse sur le corps
« des misérables, dont les chairs se renouvel-
« lent incessamment. » (*La Vie de Bouddha*, par Lamairesse, 177.)

Dans tous les cultes, l'accessoire obligé des purgatoires et des enfers, c'est le démon. Il est chargé de malmener et de corriger les âmes. C'est le rôtisseur incombustible de cette immense fournaise. C'est un spécialiste pour grillades. C'est le stupide épouvantail dont les prêtres des cultes successifs ont, à tour de rôle, terrorisé, depuis des siècles, la légion des pauvres d'esprit.

Toutes les religions anciennes ont fait de leurs diables de bien vilains messieurs. Ils ne sont pas plus beaux aujourd'hui, car ils ne sont autres que les anciens tombés en disponibilité, par suite de la disparition des religions dont ils dépendaient, et recueillis par le culte catholique avec les purgatoires, enfers et autres accessoires provenant de la démolition des vieux cultes.

Voici la description peu flattée que nous en donne Bouddha (Lamairesse, *Loc. cit.*, 86) :

« Les démons sont armés d'épées, d'arcs et
« de flèches, de haches, de piques, de javelots,
« de tridents, de cailloux, de pilons, de mas-
« sues, de chaînes, de disques, de foudres, de

« cuirasses. Ils ont la tête, les pieds et les « mains contournés et d'une forme hideuse, « ainsi que le ventre, des visages tout diffor- « mes, des dents énormes, des défenses effroya- « bles, la langue épaisse, grosse, rugueuse et « pendante, les yeux rouges de sang et en- « flammés. Quelques-uns vomissent le venin « du serpent; d'autres, s'élevant de la mer, boi- « vent ce venin dans le creux de leurs mains; « d'autres, mangent de la chair humaine, du « sang, des pieds et des mains, des têtes, des « foies, des entrailles, des excréments et le « reste.

« Il y en a qui ont le corps livide, noirâtre, « bleu, rouge ou jaune, avec toutes sortes de « formes effrayantes. Quelques-uns ont les « yeux crevés semblables à des trous, d'autres « des yeux flamboyants, étincelants et de tra- « vers. Quelques-uns, portant des montagnes « enflammées, escaladent d'autres montagnes. « Quelques-uns, ont des oreilles de porc ou d'é- « léphant pendantes, d'autres, sont sans oreil- « les. Quelques-uns, transformés en squelettes, « ont le corps transparent, le nez brisé, le « ventre pareil à une cruche, les pieds rigides « comme le crâne de la tête, la peau, la chair « et le sang desséchés, les oreilles, le nez, les « pieds, les mains, la tête coupés.

« Quelques-uns, altérés de sang, se décapi- « tent les uns les autres.

« Quelques-uns, ont des têtes de renard, de « chacal, de porc, d'âne, de bœuf, d'éléphant, « de cheval, de chameau, d'âne sauvage, de « buffle, de lièvre, d'hippopotame, de gazelle, « de cigale et de toutes sortes de formes ef- « frayantes inspirant le dégoût et la terreur. « Quelques-uns ont la tête d'un animal, le corps « d'un autre, d'un lion, d'un tigre, d'un san-

« glier, d'un ours, d'un singe, d'un léopard, « d'un marsouin, d'un crapaud, d'un vautour, « d'un hibou, la tête d'un poisson sur le corps « d'un oiseau, d'un serpent sur le corps d'un « lion; quelques-uns ont un corps et plusieurs « têtes d'animaux divers et jusqu'à cent mille « têtes; d'autres ont cent mille bras, d'autres « cent mille pieds, d'autres pas de pied, pas de « bras. Il y en a qui, du nez, de la bouche, des « oreilles, des yeux et du nombril distillent du « venin de serpent. Quelques-uns portent pour « guirlandes des ossements et des crânes. Quel- « ques-uns ont pour armes des monstres hor- « ribles qu'ils tirent du sein des eaux. »

Considéré comme une hérésie dans les premiers temps de l'Eglise, le purgatoire est exploité aujourd'hui par le catholicisme.

Nos ancêtres avaient ce dicton : « Le feu du « purgatoire fait bouillir la marmite des moines ! » Nos pères étaient gens d'esprit. De nos jours, le purgatoire fait encore l'objet d'un commerce immense. C'est un local à recettes, C'est l'entreprise lucrative par excellence. On paie d'innombrables messes pour empêcher les âmes d'être placées dans un courant d'air, ou brûlées, ou noyées.

Depuis quelque temps, un nouveau comptoir a été ouvert. On paie maintenant pour obtenir, pour soi-même, l'intercession des âmes du purgatoire. On prie pour elles, elles prient pour vous, c'est un échange de bons procédés. Ce nouveau rayon paraît appelé à une grande prospérité.

La caractéristique des différents enfers, c'est qu'il y fait très chaud. Dans les enfers, la question thermométrique domine tout.

Les enfers des religions sont en général placés par elles sous nos pieds, et les paradis sur nos têtes. C'est un principe universellement admis, que l'on tombe dans les enfers et que l'on monte au ciel. Les élus nous regardent de haut en bas, les damnés de bas en haut.

Toutefois, les Grecs et les Romains avaient placé leur enfer et leur paradis (ce dernier appelé Champs-Elysées) au centre de la terre. Un chien furieux, le fameux Cerbère, empêchait les âmes d'en sortir. Cerbère est resté le type du bon chien de garde et du concierge hargneux. Cet animal (c'est du chien que je parle) avait sept têtes et chaque tête trois mâchoires, au total vingt et une mâchoires. C'est beaucoup pour un seul chien. Des sceptiques prétendent que ce chien est un canard.

Quoi qu'il en soit de ce concierge à quatre pattes, les âmes comparaissaient devant trois vieux juges renfrognés, qui, en un instant, après avoir pesé, dans la balance de la justice, leurs péchés et leurs mérites, les envoyaient, sans appel, en enfer ou en paradis.

Cette justice était expéditive. Il faut descendre jusqu'au fond de la terre pour trouver une justice accélérée. La recette des procédures rapides n'a jamais pu remonter jusqu'à la surface du globe.

Il y avait là plusieurs fleuves. L'un recevait les larmes des condamnés et n'était alimenté que par elles. L'autre roulait des eaux bouillantes et des rochers brûlants. Les Furies, c'est-à-dire les diables, le bras armé de lanières ou de torches, administraient, avec conviction, à certains condamnés, une éternelle fessée, ou leur faisaient d'affreuses brûlures. Les autres étaient plongés dans le fleuve embrasé.

C'étaient là les supplices applicables au commun des mortels. Certains grands coupables, gros bonnets du crime, avaient la faveur de supplices spéciaux, inventés tout exprès pour eux. L'égalité n'existe nulle part, pas même en enfer.

Les Danaïdes, pour avoir tué leurs maris avaient été condamnées à verser éternellement de l'eau dans un tonneau sans fond; Tantale, mourant de faim et de soif à voir l'eau et les mets échapper à ses lèvres desséchées; Ixion, attaché à une roue lancée à toute vitesses, était condamné à tourner avec elle; Sisyphe à rouler du bas en haut d'une montagne un rocher qui retombe sans cesse.

Chez les Perses, il y a aussi trois juges. Les élus montent au ciel de suite, les autres sont précipités dans l'airain en fusion.

Chez les catholiques, il n'y a qu'un seul juge qui est Jésus.

Les impies vont tout droit en enfer, où ils attendront le jugement dernier qui ne fera au reste que confirmer leur condamnation.

Chez les catholiques grecs, les méchants ne seront damnés qu'au jour du jugement dernier.

Les Egyptiens n'étaient pas partisans du juge unique. Ils en avaient quarante-deux. Les âmes justes étaient envoyées au paradis. Celles des méchants étaient expédiées dans le corps d'un animal, où la divinité leur donnait, pour la vie de cet animal, un billet de logement. C'est peut-être pour cela que l'on rencontre de mauvaises bêtes. Quand un chat vous griffe ou qu'un chien vous mord, c'est peut-être qu'il loge un Egyptien morose et querelleur.

L'enfer des catholiques ne diffère pas de celui des Romains. On ne sait naturellement pas où il se trouve. Après avoir emprunté aux Grecs et aux Romains l'institution de l'enfer, n'ont-ils pu obtenir d'eux la location de l'enfer lui-même !!!

En résumé, les purgatoires des religions défuntes étaient la punition des fautes sans gravité (péchés véniels d'aujourd'hui), et les enfers, le châtiment des crimes (péchés mortels de l'Eglise).

Pour empêcher les âmes de tomber dans ces lieux de souffrance, comme aussi pour extraire des purgatoires celles qui s'y trouvaient, les prêtres anciens avaient imaginé des prières et des cérémonies appelées initiations ou purifications.

Plus de quatre siècles avant Jésus, Platon nous montre les prêtres de ce temps reculé assiégeant la porte des riches, se chargeant d'expier leurs fautes et de délivrer des souffrances du purgatoire les âmes de leurs parents à l'aide de certains sacrifices et de certaines pratiques pour lesquelles on les salariait.

Plutarque, le célèbre biographe grec et prêtre d'Apollon, né en l'an 48, nous expose sur le même sujet les mêmes idées.

Le commerce et les mensonges relatifs aux purgatoires et aux enfers sont donc vieux comme le monde. Les messes et les indulgences ne datent pas du christianisme. Ici encore, et comme toujours, le catholicisme n'a fait que copier servilement l'antiquité.

CHAPITRE XX

Les Anges. — Anges mitoyens entre plusieurs religions. — Leur sexe. — Leurs amours

Un ange n'a pas plus de religion qu'un corbeau.

Ce sont les religions qui se chargent, elles-mêmes, de la démonstration catégorique de cette vérité surprenante au premier abord.

Les juifs vénéraient certains anges que leur dieu employait à faire ses commissions. Ces anges volages sont passés, avec armes et bagages, à la religion catholique qu'ils ont ensuite abandonnée, d'un pied léger, pour les religions musulmanes et protestantes.

On retrouve ces anges dans ces quatre religions avec les mêmes noms, ce qui coupe court à tout malentendu. Ce sont bien des anges mitoyens, communs à ces différents cultes.

C'est ainsi, notamment, que la religion musulmane a en grande estime l'ange Gabriel, le même qui annonça à Marie étonnée (on le serait à moins), l'opération du Saint-Esprit. C'est ce même ange qui accompagna Mahomet dans toutes ses excursions, le protégea dans toutes ses luttes et lui amena gentiment la jument blanche et ailée sur laquelle il monta pour aller visiter le paradis. Ce fut même lui qui lui dicta la loi nouvelle ou Coran. Plein d'amabilité, il le protégeait, avec ses ailes, contre les ardeurs du soleil. Voilà un petit service que vous demanderiez vainement à votre ange gardien.

Les anges Michel et Gabriel n'hésitèrent pas un seul instant, quoique déjà juifs et catholiques, à assister à la noce de Fatimeh, fille de Mahomet, mariée à Ali; et soixante-dix mille anges de moindre importance suivirent les époux et formèrent un immense cortège.

Ce nombre, au reste, n'est pas fait pour surprendre, car les anges abondent dans la religion de Mahomet. C'est ainsi qu'au lieu de l'unique ange gardien que les catholiques donnent à chaque chrétien, les musulmans en ont deux, l'un pour la journée et l'autre pour la nuit.

A la journée de vingt-quatre heures infligée aux anges gardiens catholiques, les musulmans ont substitué, avec raison, la journée de douze heures. Le système de la division du travail a toujours donné d'heureux résultats.

Les Romains avaient, sous le nom de Lares ou Pénates, des génies domestiques analogues aux anges gardiens et chargés de protéger chaque famille.

Ils étaient représentés par des statuettes installées dans la maison et auxquelles on offrait de l'encens, des couronnes, du vin et une partie des mets que l'on servait à table.

Les Perses et les Indous avaient, dès l'antiquité la plus reculée, des anges bons et mauvais. L'ange est un des accessoires de toutes les religions anciennes ou modernes. C'est le domestique des dieux.

Platon, qui vivait quatre-cent-trente ans avant Jésus, nous entretient des anges gardiens grecs. C'est dire que les factionnaires catholiques qui sont, nous dit-on, chargés de nous accompagner, ne datent pas d'hier et que la religion catholique a emprunté ces gardiens de la paix ailés aux religions qui l'ont précédée.

Selon Platon, ce génie familier suit partout la personne à lui confiée, lui donne les meilleurs conseils et la prévient contre ceux du génie du mal.

Après la mort, il mène joyeusement l'âme du juste devant ses juges, et, au contraire, saisit brutalement au collet l'âme du coupable, pour la traîner, malgré sa résistance, devant le redoutable tribunal.

Il est amplement reconnu aujourd'hui que les anges de Platon et de la religion grecque, que ceux des cultes brahmanique, perse, etc., etc., et de toutes les religions qui ont cessé de plaire, n'ont jamais existé. Cela n'empêche nullement le clergé catholique de prêcher la dévotion à ces mêmes volatiles célestes, dont il a ramassé le signalement dans les vieux cultes et dont il a dérobé l'institution aux religions disparues. Le catholicisme est un véritable musée de dogmes démodés et de vieilleries.

Ces considérations de simple bon sens sont bien fâcheuses pour le culte des anges, mais ce qui l'est bien davantage, c'est ce que la Bible indiscrète et le livre d'Enoch nous racontent de leur indécente paillardise.

La Bible nous narre tout crûment, dans la Genèse, chapitre VI, ce que voici : « Les anges « de Dieu, voyant que les filles des hommes « étaient belles, vinrent coucher avec celles « qui leur avaient le mieux plu. »

Eh bien ! c'est du propre ! Voyez-vous cela ! Pas gênés les saints anges ! Et l'Eglise catholique qui nous enseigne qu'ils n'ont point de sexe ! Quelle audace !

La Bible ajoute que les anges « se joigni-

« rent avec les filles des hommes et qu'elles « leur donnèrent des enfants. »

Cette jonction et les bébés qui en résultèrent témoignent d'un amour qui n'avait rien de platonique, et d'un sexe sur lequel il ne saurait exister aucune ambiguité. Le trait d'union n'est pas chez les anges une simple figure grammaticale !

Le mot « ange » signifie messager. L'ange est le facteur des postes célestes, il fait les commissions des dieux. Les anges des premiers chrétiens avaient la forme humaine, mais n'avaient point d'ailes. Les peintres et les sculpteurs, désolés de cette banalité, leur en donnèrent. Mais le catholicisme en possède d'autres ayant la forme de l'animal. C'est ainsi que les Chérubins étaient, chez les Egyptiens, anges à tête de bœuf. Ezéchiel, un prophète juif (Ezéchiel, I, 5 et suiv., X, 15 et suiv.), nous raconte qu'ils ont des pieds de veau. « *Ces animaux*, dit-il, couraient et revenaient comme des éclairs ». D'autre part, le psaume XV-III nous apprend qu'ils servent de monture au père éternel. Le prophète Isaïe (Isaïe, VI, 3), nous renseigne sur les Séraphins, sortes de gros oiseaux, ayant des mains et trois paires d'ailes, et planant à la façon des buses ou des aigles. On rougit d'appartenir à l'humanité, quand on pense que l'ange, animal purement fictif, a encore, chez nous, des autels, un culte, des confréries, des journaux !!!

CHAPITRE XXI

Les Ascensions des dieux et leur descente aux enfers

Notre sainte mère l'Eglise célèbre, sous le nom d'ascension, le jour où Jésus est monté au ciel.

Cela fait rire certains incrédules qui vont jusqu'à prétendre, les infâmes, que Jésus n'a pas plus existé que Saturne, Junon ou Jupiter, et une foule d'autres divinités humblement adorées pendant des siècles et mises au rebut aujourd'hui.

Ces impies ont tort.

Cette ascension est tout au moins vraisemblable, car de tous temps des ascensions semblables ont eu lieu. De tous temps, des dieux sont descendus sur la terre et sont ensuite remontés vers les nues.

Il y a mieux; de simples mortels comme vous et moi ont même été enlevés au ciel sans autre forme de procès.

Il faut être possédé du démon pour douter d'excursions que l'on pourrait qualifier de classiques, tellement elles sont communes à tous les cultes.

L'Eglise catholique ne nous offre que les quatre ascensions suivantes.

Deux sont empruntées au culte juif dont elle s'est approprié l'histoire.

Le père Eternel s'étant pris d'affection pour le juif Enoch, se promena pendant trois cents ans sur la terre avec lui. La compagnie de cet excellent camarade lui avait été si agréable qu'il l'enleva au ciel où ils continuent sans doute les interminables causeries commencées sur la terre. (Genèse, chapitre V.)

Le prophète Elie fut, lui aussi, enlevé au ciel, mais par un chariot de feu attelé de chevaux enflammés. Il fallait une voiture en rapport avec les chevaux employés. Il eût été évidemment imprudent de mettre ces coursiers dans les brancards d'une voiture ordinaire. Ce véhicule embrasé ne pouvait convenir qu'à un prophète aussi hardi qu'incombustible.

C'est la seconde ascension de la religion catholique.

Celle de Jésus forme la troisième et celle de Marie fut la quatrième.

Ce ne fut qu'au sixième siècle que le miracle de l'enlèvement de la mère de Jésus, au ciel, commença à être connu.

Jusque-là ce fut un secret si bien gardé que personne n'en avait entendu parler.

Les dieux voyageurs sont en général d'une rare modestie.

Ils descendent sur la terre en simples touristes, sans le moindre apparat et dans le plus strict incognito.

Jamais, depuis que le monde est monde, on a vu un dieu nous rendre majestueusement visite, confortablement assis sur un nuage et accompagné de ces milliers de domestiques aussi brillants qu'ailés que l'on appelle les anges.

Au lieu d'apparaître dans l'éclat de leur gloire éblouissante à un peuple ou même au monde entier, et de lui dicter impérieusement leurs lois, les dieux, d'après les prêtres, s'ingénient à se dissimuler et cherchent les déguisements les plus étranges.

Ils viennent en excursion chez nous sans même une valise à la main.

Un certain nombre, parmi lesquels Jésus, ont poussé l'amour de l'incognito jusqu'à se tenir blottis et cachés pendant neuf mois dans le sein d'une vierge. C'est là une cachette sûre, une guérite inviolable, quoique peut-être un peu étroite et passablement vulgaire pour le créateur de l'univers.

Le journal des impressions éprouvées par un dieu, pendant ce long et monotone séjour, serait inestimable, mais aucune des divinités qui ont habité ce virginal réduit, n'a publié ses mémoires.

D'autre part, dans leurs voyages sur la terre, les dieux n'apparaissent jamais qu'aux pauvres d'esprit. Ils favorisent ainsi de scandaleuse façon les imbéciles qui sont obligés avec les prêtres de se donner un mal infini pour convaincre les incrédules de l'excursion sur notre globe de ces divinités cachottières.

Jésus eût pu apparaître majestueusement au monde romain tout entier. Mais quelle idée bizarre de se cacher pendant neuf longs mois dans le tabernacle virginal d'une juive, de se déguiser pendant trente ans en ouvrier charpentier et de ne se révéler enfin mystérieusement qu'à douze grossiers apôtres choisis dans la population la plus arriérée et la plus inintelligente de la Judée.

D'autre part, pourquoi pendant ces trente années n'a-t-il pas éprouvé le besoin d'écrire sur sa venue, sa religion et ses préceptes, une modeste brochure qui nous aurait joliment aidés à apprécier sa divinité. Son père, en dieu sérieux, avait bien gravé lui-même les tables de la loi. Il eût pu faire un travail analogue. Il eût même bien fait de laisser aux prêtres une procuration en bonne et due forme de le représenter sur notre globe, car c'est le manque d'un pouvoir écrit qui cause tous les ennuis et fait qu'on ne croit plus à eux. Avez-vous remarqué que les dieux ne donnent jamais à leurs mandataires que des procurations verbales !

Un simple particulier, le prophète Mahomet monta aussi au ciel. Pour ne pas se fatiguer, il se fit amener par l'ange Gabriel qui, de catholique qu'il était, était devenu musulman, une jument blanche et ailée. C'est une race de chevaux rapides qui s'est perdue et dont on ne rencontre plus aucun échantillon. Il l'enfourcha, Gabriel suivit à tire-d'aile et en un instant ils furent au septième ciel. En voyageur intelligent, Mahomet nous a laissé de son excursion un récit aussi pathétique que véridique.

Bouddha, le réformateur indou, ne valait sans doute pas, comme cavalier, Mahomet, qui était un militaire éprouvé, mais il était un excellent piéton. Pendant quarante-cinq ans, en effet, il parcourut l'Inde à pied, avec la vigueur de jarret d'un facteur rural.

Aussi pour aller au ciel se contenta-t-il de jeter tout simplement entre le firmament et la terre un pont qu'il arpenta de son mieux. Pour la descente et sans doute de crainte d'accident, on installa du ciel à la terre trois escaliers confortables, l'un en or, l'autre en argent, le troisième en pierres précieuses. Bouddha prit ce dernier, les anges et les prêtres de la religion brahmanique qui se trouvaient au ciel prirent les autres pour lui former cortège.

Je vous avoue confidentiellement que je crois avec ferveur à Bouddha, à son pont et à ses escaliers. Les catholiques ne sont au nombre que de deux cents millions dont plus de moitié n'ont, en réalité, pas plus de religion qu'une poule. Quelle vétille ! Les Bouddhistes sont, eux, cinq cents millions. J'aime à me ranger du côté des gros bataillons.

Un des grands arguments du prêtre catholique, c'est qu'on ne peut supposer que deux cents millions d'hommes se trompent. Cet argument est bien plus irrésistible en faveur d'une religion qui exhibe en faveur de son pont, de ses escaliers et de son ombrelle, la croyance de cinq cents millions d'êtres humains.

Dans la religion des Romains et des Grecs, les ascensions foisonnent.

Un beau jour, Jupiter, le dieu tout puissant, charmé de la grâce de Ganymède, prince troyen, se déguisa en aigle, le prit dans ses serres et le transporta au ciel où il est encore. Un aigle comme véhicule, voilà encore un mode de locomotion pas banal, mais presqu'aussi désagréable que le chariot de feu d'Elie. C'est à dégoûter de monter au ciel.

Le divin Hercule passa de nombreuses années sur la terre s'amusant à détruire tous les monstres imaginables. Il fut, lui aussi, enlevé au ciel où il devint le mari de la déesse Hébé.

Il en fut de même de Bacchus, le dieu de la joie et du vin.

Vulcain, fils de Jupiter, était un si vilain crapaud que d'un coup de pied au derrière son papa le précipita hors du ciel. Le pauvre diable tomba piteusement sur la terre. Plus tard, il rentra en grâce, devint le mari de la belle Vénus et remonta au céleste séjour en boitant, sa chute lui ayant cassé la jambe.

Quant à la religion indoue, elle comprend des dieux qui ne sont pas paresseux. Ils ne se contentent pas d'une seule incarnation comme Jésus; ils s'incarnent à jet continu. Pour un oui, pour un non, ils prennent la forme humaine et celle des animaux.

Ils sont au nombre de trois qui s'entendent si bien qu'ils ne font qu'un et forment à eux trois la trinité indoue copiée depuis, tant c'est une excellente invention, par la religion catholique. On les appelle Brahma, Siva et Vichnou.

Brahma est descendu quatre fois sur la terre et Vichnou y fut en continuelle villégiature. Il se transforma en poisson, en tortue, en sanglier et en homme, sous le nom de Jézeus Christna.

Bornons là nos citations. La villégiature des dieux sur la terre et ensuite comme conséquence l'escalade, à l'aide des modes de locomotion les plus variés, du ciel, est un trait commun à presque toutes les religions. Un culte qui se respecte et qui ne veut pas être débiné par les autres, a toujours un ou plusieurs dieux qui descendent sur la terre, y font pour se distraire des miracles que personne ne voit, y fondent des religions avec beaucoup de prêtres, puis repartent par où ils sont venus.

Au lecteur de conclure.

Il est une excursion que les dieux, dans leurs promenades terrestres, s'offrent volontiers, c'est une descente aux enfers situés, comme on le sait, dans le sous-sol de notre ronde planète. Le joyeux dieu Bacchus profita de sa propre mort pour s'y rendre en attendant sa résurrection. Osiris, le dieu égyptien, y descendit dans des conditions identiques, et Jésus mit judicieusement à profit l'intervalle entre son décès et son retour à la vie pour aller, dans les limbes, délivrer les âmes des justes qui attendaient impatiemment, depuis des siècles; sa venue pour monter au ciel. (Dupuis, *Origine de tous les Cultes*, v. 204-347.)

De son côté, Christna, le dieu indou, était allé, sans façon, rendre une visite d'ami aux damnés de son pays. Mithra, le dieu perse, et Adonis n'hésitèrent pas non plus à visiter le domaine des décédés. (Dupuis, v. 348.) Un simple bourgeois, Orphée, le modèle des maris, s'y rendit aussi pour reconquérir sa femme.

La visite de Jésus aux défunts n'eut donc rien d'anormal, elle ne constitua nullement une excursion exceptionnelle, ce ne fut pas une innovation. Elle fut, au contraire, absolument conforme aux traditions des anciennes divinités. Ennemis de la paresse, les dieux tués par leurs religions respectives, emploient généralement les loisirs forcés que leur font leurs morts, à rendre visite aux décédés. Entre morts on peut bien se faire quelques politesses. C'est là une habitude prise et une ingénieuse méthode de combattre l'ennui du tombeau. Les détails seuls de l'excursion varient. Il faudrait posséder un bien méchant caractère pour reprocher aux dieux touristes qui nous honorent de leur visite, de se copier, à cet égard, quelque peu.

Ce n'est qu'au bout de quatre cents ans que l'excursion de Jésus aux enfers fut connue.

Ce fut un prêtre d'Aquilée, nommé Ruffin, qui en parla le premier. (Pigault-Lebrun, *Le Citateur*, VI.)

Ce Ruffin connaissait certainement les religions anciennes et il était doué d'un bel instinct d'imitation !

CHAPITRE XXII

Usages empruntés par l'Église catholique aux anciennes religions. — Le jeûne et l'abstinence. — Les indulgences. — Les processions. — L'eau bénite et le goupillon. — La tonsure. — Les sources miraculeuses. — Les saintes huiles. — Les vierges sacrées. — La soutane et les ornements sacerdotaux, etc.

I

LE JEUNE ET L'ABSTINENCE. — LES INDULGENCES

Comme préparation aux cérémonies de purification ou encore aux grandes fêtes du culte, les prêtres des religions anciennes prescrivaient des jeûnes plus ou moins longs, ordonnaient de s'abstenir des viandes, ou encore obligeaient les fidèles à vivre dans la chasteté et la continence pendant une période qui était ordinairement de neuf jours.

On trouve notamment ces pratiques en Egypte, chez les Juifs, en Perse, en Grèce et dans l'Inde.

Elles sont l'origine du carême, des jeûnes et des neuvaines des catholiques.

Les indulgences pour les vivants et les morts ont été empruntées aux Grecs (voir ci-dessus, dans le chapitre relatif à la confession, la citation de Platon), et aux Juifs.

II

LES PROCESSIONS

Imitation aussi de l'antiquité que les processions de nos jours, soit à l'intérieur des églises, soit au dehors.

Les processions indoues ont toujours été célèbres par leur magnificence.

Chez les Grecs, notamment à Eleusis, on voyait aux processions, comme chez nous, des prêtres aux robes chamarrées, une statue soit nue, soit ornée de pierres précieuses et revêtue d'étoffes splendides, que l'on promenait solennellement, des fleurs que l'on jetait devant elle, des couronnes sur la tête des enfants, des torches, aujourd'hui remplacées par des cierges, dans les mains des fidèles.

On y entendait d'interminables litanies, et même le son de la flûte, remplacé aujourd'hui par les cuivres des orphéons catholiques. Les processions se continuaient parfois fort loin, et des endroits de repos, origine de nos reposoirs modernes, avaient été ménagés aux porteurs des statues.

Rien n'était négligé pour inspirer aux peuples le respect et la terreur des choses religieuses.

III

L'EAU BÉNITE. — LE GOUPILLON

A Eleusis, à l'entrée du temple, et dans les édifices du même genre, le fidèle se purifiait en se lavant les mains dans un vase d'eau sacrée. Cette vieille coutume est représentée dans les églises par le bénitier dans lequel on se trempe le bout des doigts. Il serait malséant aujourd'hui de le prendre pour un lavabo.

Dans les premiers temps du catholicisme, les bénitiers étaient, comme autrefois, de véritables réservoirs. On s'y lavait les mains avant de communier, le prêtre ayant alors l'habitude de déposer l'hostie dans la main du fidèle.

Le prêtre grec se lavait les mains à l'autel, coutume conservée par le prêtre catholique.

Chez les Indous, l'eau lustrale (eau bénite) employée pour les baptêmes ou autres cérémonies, et qui était d'un usage quotidien, était additionnée de sel, d'encens, de myrrhe, de girofle, de musc, de sandal, de canelle et d'iris (Jacoillot : *Christna.*)

Ménandre, un poète comique grec, né 342 ans avant Jésus, nous parle de l'eau bénite des Grecs, qui était composée, comme celle des catholiques d'aujourd'hui, d'eau et de sel, et dont le prêtre aspergeait trois fois le fidèle.

On aspergeait aussi d'eau sacrée les maisons et les campagnes.

La recette de l'eau de purification nous est donnée pour les juifs par la Bible. (Nombres XIX.) Le prêtre immolait une vache rousse, en brûlait le corps et jetait dans le feu du bois de cèdre, de l'hysope et de l'écarlate. Les cendres étaient mêlées à de l'eau dont on se servait pour faire les aspersions prescrites par la religion.

L'encens se retrouve ainsi que l'encensoir chez les vieilles religions et notamment dans les cultes indous et juifs. Le catholicisme leur a emprunté ce mode de parfumer les temples et de mener les dieux par le nez. Les juifs avaient fait encore mieux les choses, ils avaient un autel spécial dont la Bible nous donne la descriptions et sur lequel on brûlait des parfums. Toutes les religions ont cherché à flatter le nerf olfactif de leurs dieux.

Quant au goupillon, cet instrument d'arrosage sacré, il est vieux comme le monde.

On l'appelait, chez les Romains, « aspergilium » et il se composait d'une touffe de poils au bout d'un bâton.

Le mot goupillon est bien français. Selon le dictionnaire, il vient de goupil, qui autrefois voulait dire : renard. On a trouvé une certaine ressemblance entre ce pinceau emmanché dans un morceau de bois et la queue du renard. De là son nom.

Depuis, l'Eglise a fait appel à l'industrie, et la ferblanterie lui a fabriqué l'instrument à boule percé de trous que l'on connaît.

La Bible (Exode XXV, 29) nous apprend que les juifs se servaient, pour les aspersions, de plats, de tasses, de gobelets et de bassines en or pur. On employait, en guise de goupillon, de l'hysope, que l'on trempait dans l'eau bénite. (Nombres XIX, 18.) — Aujourd'hui, on emploie le buis.

C'est à la religion indoue qu'ont été empruntées la confirmation et la plupart des cérémonies de l'ordination des prêtres. La confirmation existait aussi chez les Perses à qui appartient l'invention du soufflet qui accompagne cette cérémonie. (Volney, *Les Ruines*, notes.)

IV

LA TONSURE

On la trouve, bien des siècles avant Jésus, dans la religion de l'Inde. On la pratiquait, dès l'âge de trois ans, sur le garçonnet destiné à devenir brahme, c'est-à-dire prêtre.

La tonsure existait, au reste, aussi en Egypte et à Rome, chez les prêtres consacrés au culte d'Isis, c'est-à-dire du soleil. C'était, en raccourci, la ronde image de leur dieu.

N'est-ce pas récréatif de voir nos prêtres, ignorants des religions anciennes, se promener gravement dans nos rues avec ce petit soleil dessiné sur la tête ! — N'est-ce pas amusant aussi de les voir la figure rasée, parce que les prêtres de l'antiquité se coupaient la barbe !!!

V

LES SOURCES MIRACULEUSES
BOURBONNE-LES-BAINS DU TEMPS DES ROMAINS

Empruntés aussi aux autres religions les pèlerinages, empruntées les sources miraculeuses.

Lourdes eut, dans l'antiquité, de nombreux précédents. L'évangile de Jean (V) nous parle d'un réservoir d'eau miraculeuse qui existait à Jérusalem. Il était perpétuellement entouré de malades et d'estropiés.

Un ange venait, un certain jour de l'année, en troubler l'eau. Celui qui s'y jetait le premier à ce moment était guéri. Cette course au plongeon parmi les malades ne devait pas être dénuée de pittoresque.

A quelque chose malheur est bon. Les rhumatismes que l'auteur des présentes a gagnés à la pêche de la truite et à la chasse du sanglier l'ont forcé, hélas ! à faire ample connaissance avec l'ancienne source miraculeuse de Bourbonne-les-Bains.

Du temps des Romains, on invoquait avec confiance et succès à Bourbonne-les-Bains, le dieu Borvo et la déesse Damona. Ils guérissaient alors merveilleusement les rhumatismes. C'était le salicylate de ces temps reculés.

La preuve qu'ils guérissaient autrefois, c'est que les malades miraculeusement soulagés avaient placé près des sources de superbes *ex-votos* en pierre ou en marbre portant des inscriptions élogieuses pour Borvo et sa déesse, et attestant la vive reconnaissance des rhumatisants.

Autrefois, on faisait mieux les choses qu'aujourd'hui. Les anciens avaient l'*ex-voto* facile et magnifique. Tout dégénère. On en a retrouvé plusieurs qui sont, comme vous le pensez, placés bien en vue pour l'édification des malades et la glorification des sources.

Aujourd'hui, c'est la vierge Marie qui a pris la suite des affaires de Borvo et Damona. Ces pauvres diables ont cessé de plaire. Ils ont été expropriés comme les autres dieux romains par la religion moderne. Des béquilles, des cœurs en vermeil et autres *ex-votos* modestes déposés aux pieds de la statue de Marie placée dans le jardin du Casino attestent la confiance de quelques rares fidèles dans son intervention pour la guérison des rhumatismes.

Les Romains, qui étaient satisfaits des sources miraculeuses, avaient l'habitude d'y jeter, comme témoignage de satisfaction, des pièces de monnaie. C'est ainsi qu'en 1874-1875 on en trouva à Bourbonne, au fond du puisard des Romains, cinq mille assez bien conservées. (*Bourbonne et ses eaux minérales*, par Caussard.)

Le Concile d'Autun (an 585), en concile pratique et qui apprécie la valeur du vil métal, condamna cet usage et ordonna de verser les cadeaux aux églises.

VI

L'HUILE SAINTE

L'huile, avec son associé le vinaigre, joue dans la salade un rôle plutôt modeste. C'est un liquide d'apparence débonnaire qui, à première vue, ne peut espérer de hautes destinées.

Eh bien, c'est là une erreur, et l'huile a, de tout temps, joué dans les religions un rôle assurément moins utile, mais infiniment plus honorifique que dans le saladier.

Il est notamment impossible de se procurer un vrai prêtre sans huile. Elle est aussi indispensable au sacerdoce qu'à la laitue.

C'est elle qui, dans presque toutes les religions, sert à l'ordination des ministres du Seigneur. Elle sert aussi à la consécration des rois.

Les dieux de nombreux cultes n'admettent pas la plaisanterie sur ce chapitre, et ils ne reconnaissent, pour leurs mandataires sur la terre, que des bipèdes préalablement frottés d'huile sainte.

L'espèce d'huile employée n'est pas, au reste, indifférente. Tout est ici de rigueur. L'huile d'olive seule met le prêtre en rapport avec Dieu. Jamais Jésus ne consentirait à descendre dans le calice d'un prêtre consacré à l'huile de navette !

Il ne faudrait pourtant pas que l'huile conçût trop d'orgueil de son rôle divin, car elle ne produit son effet céleste qu'associée à des substances odoriférantes. L'union fait la force.

Le mélange destiné aux onctions catholiques (confirmation, extrême-onction, ordination), et connu sous le nom de saint-chrême, se compose d'huile d'olive et de baume bénits par l'évêque le jeudi saint.

Les juifs avaient une recette plus compliquée, qui nous est fournie par l'Exode (XXX, 23) :

« Prends des choses aromatiques les plus « exquises : de la myrrhe franche pour cinq « cents sicles (le sicle était une monnaie d'ar« gent juive, pesant six grammes), du cinna« mome odoriférant pour deux cent cinquante, « et du roseau aromatique pour deux cent cin« quante, de la casse pour cinq cents sicles et « un hin (environ cinq litres) d'huile d'olive. « Et tu en feras l'huile de l'onction sainte. »

Cette huile servait à oindre le tabernacle, l'autel, leurs accessoires, et à consacrer les prêtres.

Il était défendu aux humbles mortels de fabriquer pareil mélange à peine de mort. C'était une entrave regrettable apportée au libre commerce de la parfumerie. (Exode, XXX, 26-30, et XL, 9.)

Chez les Grecs, on frottait d'huile sainte, avant le baptême, tout le corps du fidèle et, après, le front, les yeux et les oreilles.

Dans l'Inde, l'huile sacrée servait, nombre de siècles avant le christianisme, à la confirmation, qui devait avoir lieu avant l'âge de seize ans, et à l'investiture des prêtres. (Jacoillot, *La Bible dans l'Inde.*)

VII

LES VIERGES SACRÉES

L'institution des vierges sacrées, ou femmes faisant vœu de virginité et consacrées au culte, se rencontre dans presque toutes les religions.

Les Indous avaient, dans cet ordre d'idées, les

devadassi; les Romains, les vestales; les Egyptiens et les Perses avaient aussi des vierges affectées au culte.

Chez les Indous, ces vierges entretenaient à perpétuité le feu qui devait toujours brûler, dans les pagodes, devant la Trinité indoue; chez les Romains, celui qui devait toujours exister dans le temple de Vesta, la déesse du feu. Les Hébreux entretenaient aussi, dans le tabernacle, un feu perpétuel alimenté par les prêtres ou lévites. De nos jours, l'usage a été conservé, et la flamme d'une veilleuse tremblote et vacille, dans nos églises, par imitation des religions d'autrefois.

A Rome, si une vestale laissait éteindre le feu, elle était fouettée toute nue, et dans l'endroit le plus secret du temple, par le grand pontife.

Allons, allons, le grand pontificat comportait de folâtres corvées! Le prêtre devait, si la vestale était jeune et jolie, apercevoir, en dépouillant de ses voiles ce corps mignon, de célestes horizons et de divines rotondités. Soyez assuré qu'il ne frappait point trop fort et que plus d'une fois la correction dût se changer en baisers passionnés.

Ne rions pas des anciens; de nos jours, la confession d'une jeune fille par un homme, dans une guérite isolée et mystérieuse, n'est pas une cérémonie beaucoup plus chaste!

On coupait les cheveux de la vestale au moment de son entrée en fonctions. Elle les laissait repousser et il était défendu de les couper désormais.

Les vestales portaient un costume spécial destiné à les distinguer des autres femmes.

Elles étaient enterrées vives si elles perdaient leur virginité. On est plus humain aujourd'hui pour les vierges sacrées qui s'oublient dans les bras d'un homme. C'est un vœu malaisé à observer et on leur tient compte de la difficulté à vaincre. « Je trouve, a dit malicieusement Montaigne, plus aisé de porter « toute sa vie une cuirasse qu'un pucelage. »

Le lecteur a fait de lui-même les rapprochements qu'il convient entre les vierges sacrées d'autrefois et celles d'aujourd'hui. Ces dernières ont pour mission d'entretenir le feu sacré de la superstition. Elles s'y emploient avec un zèle inlassable, et s'acharnent sans relâche à fanatiser la jeunesse et la France. Les vestales contemporaines ont joint au vœu de chasteté celui de pauvreté. C'est pour cela que les congrégations de femmes sont archi-millionnaires. Le million en ce monde, le paradis en l'autre, sont la récompense de ces demoiselles dévouées et désintéressées.

Plus économes, plus actives, plus insinuantes que les hommes, les femmes congréganistes sont beaucoup plus riches. Elles paient parfois patente, exercent toutes sortes d'industries. Ces vierges, vouées à la pauvreté, sont, quand elles s'y mettent, les premières commerçantes du monde.

VIII

LES JUBILÉS. — LA SOUTANE. — LA CHASUBLE. — L'ÉTOLE. — LA CALOTTE. — LES CLOCHES. — LES BANNIÈRES, L'OSTENSOIR, LE CHAPELET — LES TRONCS D'ÉGLISE, ETC.

Le mot jubilé vient de l'hébreu : *iôbel*, corne de bélier dont on se servait pour annoncer, tous les cinquante ans, l'année sainte.

C'était une année de joie.

Toutes les dettes étaient remises, tous les esclaves libérés, tous les biens revenaient aux vendeurs. (Lévétique, XXV.)

L'Eglise catholique a emprunté les jubilés aux juifs.

Ils consistent dans des indulgences et remises des péchés accordées à certaines dates.

La soutane du prêtre et sa ceinture ont été empruntées à la Perse. C'était le costume des prêtres de Mithra, le dieu persan. Il est bien naturel que le prêtre catholique porte la livrée d'une religion si bien copiée par son culte. On appelait ces prêtres des prêtres corbeaux (Hierocoraces), à cause de la couleur de leur vêtement.

Le gavroche de nos jours, qui imite le corbeau sur le passage du prêtre, ne se doute guère que sa familière manifestation concorde avec une appellation historique. (Malvert, *Science et Religion*, 112.)

Le surplis appartenait aux religions grecque et égyptienne, la chasuble à cette dernière, et l'étole à la religion romaine, qui en revêtait les bœufs ou veaux destinés au sacrifice. La calote provient des prêtres arvales de Rome et des prêtres juifs (Exode, XXVIII); le bonnet carré, des prêtres de Jupiter romains; le bonnet d'évêque, des Chaldéens, et la crosse, des augures romains. (Malvert, *loc. cit.*)

Les chasubles des anciens étaient fermées par côté. Il fallait qu'un aide en relevât les pans quand le prêtre voulait se servir de ses mains. Cet usage s'est continué à la messe catholique, bien que les chasubles nouvelles permettent à l'officiant l'usage de ses bras.

Les païens allumaient des flambeaux devant les autels des dieux ou leurs statues. Après s'être moqués de cet usage, les chrétiens l'adoptèrent, et saint Jérôme défendit cette coutume contre ceux que cette réminiscence des cultes anciens scandalisait.

Le « *bénédicité* » n'est que la coutume qu'avait le père de famille juif de bénir, à l'aide d'une prière, au commencement des repas, le pain et le vin.

Les païens faisaient aussi, avant de se mettre à table, des prières et des libations aux dieux.

Même observation pour le pain bénit, le chef de la famille juive ayant l'habitude de rompre et de diviser le pain bénit par lui et d'en faire la distribution aux convives.

Les cloches, les bannières, le chapelet et l'ostensoir sont d'origine bouddhique, et les troncs placés dans les églises d'origine romaine et juive. (II, Rois, XII, 9 ; Malvert, *Science et Religion, passim.*)

Les saints ou demi-dieux, qui sont au nombre de plus de vingt-cinq mille, ont été substitués aux héros et aux déesses du paganisme. Ils leur ont emprunté l'auréole dont on leur ornait la tête. — Les orgues ont remplacé les tambours, les cymbales et les flûtes qui se faisaient entendre dans les temples païens. (Malvert.)

L'études des religions est loin d'engendrer la mélancolie.

Si, au séminaire, on ne cachait pas soigneusement au futur prêtre les origines de sa religion, il la quitterait au pas de course pour échapper au ridicule.

Trouvez, en effet, un être plus récréatif, un bipède plus amusant que ce prêtre revêtu de la soutane des prêtres persans, portant à l'occiput, en forme de tonsure, un petit soleil romain, endossant un surplis grec, une chasuble égyptienne; appelant les fidèles au prône au son des cloches bouddhiques; jetant avec un goupillon romain de l'eau bénite grecque; prêchant l'ancienne morale païenne et juive; administrant des sacrements juifs, persans, indous; chantant en latin aux fidèles, qui n'y comprennent goutte, les psaumes sans queue ni tête de l'Israélite David; processionnant à la mode grecque; prônant Dieu le père, par lui confisqué sur les juifs; adorant Jésus calqué sur le Christna indou; offrant, comme les Egyptiens, un oiseau à l'adoration des fidèles; ayant fait de ses trois dieux une Trinité copiée sur la Trinité de l'Inde; ayant ressuscité, sous le nom de souverain pontife, les grands prêtres juifs et romains; ayant pris à bail le paradis des Perses, les enfers et les purgatoires romains, et les diables de toutes les nations; offrant au respect des fidèles les anges gardiens de Platon, l'huile sainte des Hébreux, l'ostensoir des Indous, l'encensoir des Juifs, les burettes des Romains, les litanies de l'Inde, et enfin, portant gravement l'étole, jadis revêtue par les statues de certaines déesses et par le bœuf des sacrifices romains !!!

CHAPITRE XXIII

Le cimetière des religions. — La mythologie

La mythologie ou histoire des fables est le cimetière des religions mortes, le musée des mensonges religieux, la nécropole des dogmes qui ont cessé de plaire et des cultes qui sont passés de mode.

On y trouve entassés pêle-mêle et par centaines des dieux mis au rebut et des déesses défraîchies, le tout ayant été adoré à genoux par des peuples entiers pendant des siècles.

C'est l'ensemble des procédés odieux, à l'aide desquels les prêtres ont impudemment trompé le genre humain.

C'est le résumé des pratiques honteuses qui leur ont permis de lui soutirer des milliards.

C'est la navrante histoire de divinités créées de toutes pièces par les éternels exploiteurs de la crédulité humaine, adorées et implorées par des générations aujourd'hui tombées dans la poussière, puis abandonnées, ridiculisées, renversées, comme le seront demain les divinités actuelles.

La mythologie, cet éloquent résumé de l'expérience de l'humanité en matière religieuse, contient ce brutal enseignement : la religion c'est le mensonge fait dieu.

Tu es tombé, grand Jupiter, tu as disparu, blonde Vénus, on connaît à peine ton nom, sage Minerve !!!

Dieux et déesses romains, égyptiens, perses, indous, dieux des mille religions d'autrefois, dieux terribles implorés pendant des siècles par l'humanité tremblante, divinités immenses, prêtres menteurs et redoutés, il ne reste de vous que la cendre légère du souvenir.

Vous emplissiez le monde et vos cadavres tiennent aujourd'hui dans les quelques pages d'une mythologie, cet étroit cercueil des dieux !!

La foi n'est que la confiance aveugle et maladive en la parole de magiciens, prêtres, prophètes ou sorciers se prétendant les portiers du ciel et les mandataires de divinités quelconques.

C'est la foi créée, encouragée, soutenue par le prêtre, qui donne aux dieux d'invention sacerdotale un semblant d'existence.

Quand elle disparaît, ces divinités en baudruche, ces dieux factices, ces inventions pures de l'imagination s'évanouissent, les temples sont désertés, les prêtres se dispersent ou inventent un nouveau culte.

Toutes les religions se disent infaillibles et éternelles.

C'est là un boniment connu.

Hélas ! le temps, les hommes, les circonstances leur donnent, tous les jours, à cet égard, un éclatant démenti. La mort les guette et la mythologie, cet ossuaire des religions décédées, les attend toutes.

Ce qui survivra aux dieux de fabrication humaine, aux absurdités des dogmes, aux niaiseries des cultes passagers, c'est la religion de l'honnête homme, le code du sage, la merveilleuse règle de conduite de l'humanité : la Morale.

FIN

NOTES

1° *Les Fils de Dieu.* — Le principal Dieu de l'antiquité fut Dieu le père. On le trouve, dans le culte indou, sous le nom de Zu-Pitri, dans le culte grec sous le nom de Zeus Pater, dans la religion des Romains sous celui de Jupiter. Toutes ces appellations signifient : Dieu le père, nom que lui ont conservé les chrétiens.

On lui attribua plus de 30 enfants, parmi lesquels : Mars, Vulcain, Bacchus, etc...

Plusieurs de ses enfants descendirent sur la terre, périrent de façon tragique, ressuscitèrent et montèrent glorieusement aux cieux.

Le Christianisme, en créant ce nouveau personnage mythologique qu'on appelle Jésus, n'a fait qu'ajouter un fils de Dieu à la collection des enfants de la divinité.

En Orient, cette terre classique du mensonge religieux, il s'est toujours produit des illuminés se déclarant les fils de Dieu. Jésus, s'il a existé, fut un de ces exaltés auquel le Christianisme attribua, peu à peu, le caractère et les aventures des dieux de l'antiquité, en s'inspirant surtout de la religion de l'Inde.

2° *Communion sexuelle.* — Sur ce mode de communion, absolument ignoble, pratiqué pendant 600 ans, par une des plus importantes sectes chrétiennes, celle des Gnostiques, consulter l'ouvrage écrit en latin, de saint Epiphane, évêque de Salamine, mort en 403 et intitulé : *Divi Epiphani episcopi, contra octoginta hereses opus.* (Paris 1564, livre I, tome II.) Ce passage commence par les mots : *Postquam enim,* etc...

La secte des Gnostiques en englobait de nombreuses autres, parmi lesquelles celle des Carpocratiens.

Ceux-ci avaient décrété la mise en commun des femmes, et proclamé que l'impudicité et la débauche, sous toutes leurs formes, devaient être la règle de la vie du chrétien ! ! !

Il faut faire litière de la légende réclamiste de l'Eglise qui fait, des apôtres et de l'universalité des premiers chrétiens, des modèles de désintéressement, de distinction, de vertu ! !

3° *On compte les religions ou sectes par centaines.* — Chacune se dit la seule vraie !!!

Voici, d'après M. Hubner, quelle serait la clientèle des principales :

Chrétiens 400 millions	Catholiques........	200 millions	
	Protestants........	110 —	
	Eglise Grecque	80 —	
	Sectes diverses.....	10 —	
Non Chrétiens 992 millions 1/2	Bouddhistes.......	500 millions	
	Brahmanistes	150 —	
	Mahométans	80 —	
	Israélites..........	6 —	1/2
	Religions diverses connues.............	240 —	
	Religions inconnues..............	16 —	
	Total......	1392 millions 1/2	

4° Les religions païennes subsistent encore dans le calendrier.

Autrefois, le dimanche était le jour du soleil : *dies solis*. Constantin en fit le jour du Seigneur : *dies domini*, qui, par altération, devint dominche, puis dimanche. Les autres jours sont restés bien païens.

Lundi est le jour de la lune : *lunæ dies*.

Mardi : *Martis dies* est le jour de mars, dieu de la guerre romain.

Mercredi : *Mercuri dies* est le jour de Mercure, le dieu païen des voleurs et des commerçants.

Jeudi : *Jovis dies*, est le jour consacré à Jupiter, le père des dieux.

Vendredi : *Veneris dies*, est le jour de la blonde Vénus, la déesse des amours.

Enfin le samedi : *Saturni dies* est le jour affecté au dieu grec et romain, Saturne.

Quant aux mois :

Janvier est le mois du dieu romain Janus.

Février celui de Februo, le dieu de la mort romain.

Mars, celui du dieu Mars précité.

Avril, celui de Vénus Aphrodite.

Mai, celui de la déesse romaine Maïa.

Juin, celui de Junon, l'épouse de Jupiter.

Juillet, celui de Jules César, le conquérant romain.

Août, est le nom défiguré de l'empereur romain Auguste.

On ne s'inquiète pas plus de ces dénominations, que l'on ne pense à la Vierge le jour de l'Assomption, à Jésus le jour du réveillon de Noël, à la Passion et à la Résurrection, en savourant la dinde truffée du jour de Pâques.

Ce sont des fêtes devenues purement laïques, quoique revêtues d'une étiquette religieuse.

OUVRAGES DE L'AUTEUR

(I)

VOYAGE HUMORISTIQUE
à travers
LES RELIGIONS & LES DOGMES

Maître Simon plaida pendant trente années. Sa longue carrière fut un continuel succès. Ce n'était point, certes, un mélancolique.

Au tribunal correctionnel, sa verve endiablée, son esprit malicieux, sa gaieté communicative déridaient jusqu'à l'inculpé lui-même.

Au tribunal civil, son original talent, ses saillies imprévues, rendaient agréable et amusants les procès les plus maussades.

En parcourant les œuvres de la Libre Pensée, il avait remarqué qu'au point de vue de la propagande active, les meilleures étaient elles-mêmes fort défectueuses.

Elles coûtaient trop cher.

Elles étaient conçues en un style recherché, à la portée des seuls lettrés.

Beaucoup étaient mortellement ennuyeuses.

C'est pour remédier à ces gros inconvénients, vulgariser toutes les notions essentielles relatives aux religions, et rendre la Libre Pensée accessible à toutes les intelligences et à toutes les bourses, que Mᵉ Simon, au prix de recherches qui durèrent de nombreuses années, écrivit, dans ce style clair, limpide, enjoué, spirituel, qu'on lui connaît, le « *Voyage humoristique à travers les religions et les dogmes* ».

C'est le résumé de toute une bibliothèque. L'esprit et la science y font assaut à chaque page. C'est un ouvrage unique en son genre et un merveilleux chef-d'œuvre de la Libre Pensée.

Voici un aperçu des principaux sujets traités et sur lesquels il est fourni des renseignements souvent inédits :

Les déluges, la flotte internationale, le transatlantique de Noé, la barque de Deucalion, le vaisseau de Xisithrus, la ménagerie flottante de Vaïvasvata. — Le péché originel, sa création 400 ans après Jésus. — L'homme créé cent mille ans avant Adam, le monde des millions d'années avant la création Biblique. — Le Dieu de création sacerdotale de la Bible. — Les paillardises de la Bible. — Les 54 Evangiles anciens, leurs miracles. — Vie de Jésus, d'après les Evangiles et d'après le philosophe Celse. — Jeseus-Christna, le prédécesseur indou de Jésus. — Les frères et sœurs de Jésus, textes les concernant. — Le baptême, la confession et la communion dans les cultes antérieurs à Jésus. — Les paradis, purgatoires et enfers des anciens. — Description du paradis de Mahomet. — Les mille religions du globe. — Les anges avant Jésus, leur sexe, leurs amours. — Usages empruntés par le catholicisme aux anciennes religions : les jeûnes, les processions, les eaux miraculeuses, l'huile sainte, l'eau bénite, le pain bénit, la tonsure, la soutane, les ornements sacerdotaux, les vierges sacrées, les cloches, etc., etc. — Deux jolis volumes de 200 pages chacun. Prix : 0 fr. 40, par la poste : 0 fr. 50.

Quelques appréciations sur le « Voyage Humoristique »

1° *Lettre de M. Hubbard, député, à l'auteur :*

« Je reçois votre lettre et le petit volume. « Quelle joyeuse sonnerie de réveil pour le bon « sens gaulois. A la bonne heure. Vive la « Champagne libre penseuse.

« Vous avez fait un travail de bénédictin, « expression consacrée, et qui était à souhaiter « depuis longtemps. »

2° *Lettre d'un instituteur à l'auteur :*

« Je ne saurais vous dire ce que j'ai le plus « goûté, de la connaissance approfondie du su- « jet, de la forme si simple éminemment vul- « garisatrice, du style, où de la verve de bon « goût qui en rend la lecture aussi attrayante « que celle d'un roman. »

3° *Le Républicain de Bourges :*

« M. N. Simon, docteur en droit, vient de pu- « blier, dans la collection Guyot, un petit ou- « vrage très instructif et très amusant, dont « nous recommandons la lecture. »

4° *Le Petit Troyen :*

« Pour se faire une opinion en matière reli- « gieuse, il faut lire le petit ouvrage publié par « M. N. Simon, un chercheur patient autant « qu'érudit, intitulé : *Voyage humoristique à « travers les religions et les dogmes.*

« Résultat de recherches laborieuses et de « longues années de travail, cet ouvrage est le « seul qui, sous forme attrayante, explique

« le mécanisme des religions, leur raison d'être « et le parti que leurs ministres ont su tirer de « leur exploitation. »

5° *La Raison* :

« M. N. Simon, avec une science très sûre et « d'une admirable clarté, a fait, en un petit « volume de 200 pages, au prix extraordinaire « de 20 centimes, une histoire et une critique « des religions ***qui est un véritable chef-d'œu- « vre.***

« Nous recommandons très vivement cet ou- « vrage aux libres penseurs et particulière- « ment aux femmes qui ont souci de s'instruire « et de réfléchir. »

6° *Les Cloches Libres de Leipzig (Saxe)* :

« Un ouvrage comme il n'y en a pas deux « pour combattre les dogmes. »

7° *Un Catalogue de librairie italien* :

« Immense succès en Italie. »

Le public a pleinement ratifié ces éloges. Plus de cent mille volumes sont actuellement écoulés et l'ouvrage a été traduit en plusieurs langues.

(II)

DE L'EXPLOITATION DES DOGMES
PAR LE CLERGÉ

Un beau volume de 200 pages, contenant, dans le style bon enfant et plein de sel de l'auteur, les chapitres suivants :

Où il est démontré que Jésus n'a aucunement voulu fonder une religion et que le christianisme a été créé par le prêtre et dans son unique intérêt. — Fétichisme et christianisme, les saints spécialistes, les reliques. — Le temple et le prêtre. — La révélation, le sacré-cœur, Saint-Antoine-de-Padoue, La Salette, Lourdes. — Les richesses des congrégations, la bonne sœur. — Ménage à trois, la confession. — De l'exploitation des anges, on demande à acheter un ange vivant. — De l'anthropophagie catholique. — De l'exploitation du baptême. — Exploitation du purgatoire, les messes, les indulgences. — De l'exploitation par le christianisme de la morale païenne. — Le scapulaire. — Le chapelet, les cierges, les médailles, les quêtes, le denier de Saint-Pierre, le budget des cultes. — Ecole et église, instituteur et curé. — Du mépris dû aux religions. — Le patriotisme et la libre pensée.

Prix : 0 fr. 20; par la poste, 0 fr. 30.

(III)

SORCELLERIE CHRÉTIENNE

Ouvrage connu de tous les libres penseurs; répandu en France à plus de quarante mille exemplaires, a pour but d'accélérer la séparation de la famille et des religions. Cette brochure attaque toutes les cérémonies religieuses, notamment le baptême, le mariage, l'enterrement. — Elle dévoile aussi, les mensonges de la *révélation*, source impure des cultes et donne de curieux renseignements sur les cinquante évangiles d'autrefois.

Prix : 0 fr. 20; par la poste, 0 fr. 30.

(IV)

NI DIEU NI AME

Ouvrage qui, à peine paru, a été traduit en Italien.

Prix : 0 fr. 20; par la poste, 0 fr. 30.

(V)

PROMENADE HUMORISTIQUE

A TRAVERS LES RELIGIONS & LES DOGMES

Ouvrage écrit spécialement dans l'intérêt des sociétés de Libre Pensée, des instituteurs, et de tous ceux qui n'ont que peu de temps à consacrer à l'étude des religions.

Prix : 0 fr. 20; par la poste, 0 fr. 30.

TABLE DES MATIÈRES

Grande Imprimerie de Troyes, 126, rue Thiers

OUVRAGES DE N. SIMON

1° **Voyage Humoristique à travers les Religions et Dogmes.** — 2 jolis volumes de 200 pages chacun. Prix : 0 fr. 40 les deux; par la poste : 0 fr. 60.

Traductions Italiennes, en un seul volume. Prix : 0 fr. 50; par la poste : 0 fr. 70. — Librairie Rafanelli, via Panzani, à Florence (Italie), et librairie Mongini, Corso Umberto, 513, à Rome.

Traduction Allemande, 2 volumes. Prix : 0 fr. 60 les deux; par la poste : 0 fr. 75. — Ecrire : Verlag des Allgemeinen Freidenkerbundes, à Luxembourg (Grand-Duché).

2° **Promenade Humoristique à travers les Religions et les Dogmes.** — Un volume. Prix : 0 fr. 20; par la poste 0 fr. 30.

3° **De l'Exploitation des dogmes par le clergé.** — Un volume. Prix : 0 fr. 20 ; par la poste : 0 fr. 30.

Traduction Italienne. — Prix : 0 fr. 50. — Librairia Editrice Sociale, à Milan. — 0 fr. 70 par la poste.

4° **Sorcellerie Chrétienne.** — Un volume. Prix : 0 fr. 20; par la poste : 0 fr. 30.

Traduction Italienne. — Prix : 0 fr. 50; par la poste : 0 fr. 70. Librairia Editrice Sociale, à Milan (Italie).

5° **Ni Dieu ni Ame.** — Un volume. Prix : 0 fr. 20; par la poste : 0 fr. 30.

Traductions Italiennes. — Prix : 0 fr. 50; par la poste : 0 fr. 70, Librairie Mongini, Corso Umberto, I, 513, à Rome, et Librairia Editrice Sociale, à Milan (Italie).

Pour les Ouvrages en langue Française, s'adresser à la **Collection Guyot**, 20, Rue des Petits-Champs, à Paris, ou à **l'Auteur**, à Bar-sur-Seine (Aube).

www.ingramcontent.com/pod-product-compliance
Ingram Content Group UK Ltd.
Pitfield, Milton Keynes, MK11 3LW, UK
UKHW022019170726
13837UKWH00001B/290

9 782019 958008